英語学モノグラフシリーズ 11

原口庄輔／中島平三／中村　捷／河上誓作　編

右方移動と焦点化

田子内健介
足立　公也　著

研究社

まえがき

　最近のミニマリスト・プログラムでは，要素の転位（移動）が焦点化などのインターフェイス・レベルの要請から行われると仮定されており，焦点化の問題は昨今大いに注目されているテーマである．本書は，要素の転位を含めた焦点化の問題全般を対象にして，その統語的分析を通観し，意味的・機能的な本質を明らかにしようとするものである．

　英語の構文には，通常の語順に比べてやや特殊な語順をした構文がある．目的語が元来の位置から右側へ移動している重名詞句転位（Heavy NP Shift），名詞句の一部が右方移動している名詞句からの外置（Extraposition from NP），主語が文末に現れている場所句倒置（Locative Inversion）や提示的 there 構文（presentational *there* construction）などが，そうした例である．これらの構文では共通してある要素が右方へ移動しており，右方移動構文としてまとめられる．右方移動構文は，要素が移動している点では左方移動と同じであるが，左方移動構文には見られぬ特定の文体的効果が観察される．それゆえに右方移動を行う操作を文体規則（stylistic rules）と呼んで，左方移動と区別することがある．

　右方移動構文に共通した（文体的）効果の1つとして，焦点化（focusing）という効果をあげることができる．文末に右方移動された要素が，焦点の対象となるという効果である．焦点要素が構文によって示されるという点では，右方移動構文は，分裂文（cleft sentence）や擬似分裂文（pseudo-cleft sentence）などと類似している．特に擬似分裂文では，焦点化される要素が文の右端に現れており，この点でも右方移動構文と同じである．ある要素の焦点化は，こうした構文によってばかりではなく，焦点化副詞によっても表すことができる．したがって右方移動構文は，分裂文や擬似分裂文，さらに焦点化副詞などといっしょに，焦点化という広い文脈の中で

考察するのが適切である．

　いくつかの焦点化構文には，要素の焦点化という効果のほかに，文全体の提示という意味的効果が見られる．さらに，文処理の効率化，曖昧さの回避，談話の流れの円滑化などといった語用的・文処理的機能や談話文法の効果なども見ることができる．

　焦点化構文は，無論，統語論の点でも興味深い．たとえば，焦点化要素の構造的位置，焦点化の対象となる要素の統語範疇，厳しい局所性，さらにそもそも右方移動という操作が存在するのだろうか，などといったさまざまな興味ある問題を提供する．焦点化構文は，統語論，意味論，語用論，統語解析，談話文法などが複雑に絡み合った，きわめて興味深い領域である．

　本書の構成は次のとおりである．第2章では右方移動構文の統語論，第3章ではその意味論が扱われる．第4章では分裂文と擬似分裂文の統語論，第5章ではその意味論が論じられる．第6章では焦点化副詞を含む文の統語論および意味論が議論される．必要に応じて，語用論，統語解析，談話文法，機能論などについても考察される．

　執筆は，第2章の1〜3節を足立公也が，それ以外の第1章，第2章4節，第3章〜第6章を田子内健介がそれぞれ担当している．

　　2005年1月

　　　　　　　　　　　　　　　　　　　　　　　　　　　編　　者

目　　次

まえがき　iii

第 1 章　焦点の位置づけと焦点化 —————————— 1
1.1　文法における焦点の概念　1
1.2　焦点の統語的表現　3
1.3　焦点の意味解釈の 2 種　5

第 2 章　右方移動の統語論 —————————— 7
2.1　はじめに：右方移動　7
2.2　名詞句からの外置　8
　2.2.1　外置要素の位置　9
　2.2.2　外置の条件　15
　2.2.3　外置構文の分析　19
　2.2.4　今後の展望　33
2.3　重名詞句転移　34
　2.3.1　HNPS の派生構造　35
　2.3.2　HNPS の統語的特徴　36
　2.3.3　HNPS の分析　43
2.4　主語後置　52
　2.4.1　提示的 there 構文　52
　2.4.2　場所句倒置構文　57

第3章　右方移動構文の解釈と機能 ──────── 65

- 3.1　右方移動構文の解釈　65
  - 3.1.1　真理条件的意味と主題的意味　65
  - 3.1.2　連辞的焦点と系列的焦点　67
  - 3.1.3　右方移動構文の焦点解釈：提示的焦点　68
  - 3.1.4　述語の解釈・制限　75
- 3.2　右方移動構文と提示文　78
  - 3.2.1　提示文としての右方移動構文　78
  - 3.2.2　右方移動と提示文の関係　79
- 3.3　定　制　限　83
  - 3.3.1　外置の定制限　83
  - 3.3.2　定制限の構文間差　89
- 3.4　右方移動と文処理　91
  - 3.4.1　文法と文体と統語解析　91
  - 3.4.2　右方移動の処理上の動機：早期直接構成素の原則　92
  - 3.4.3　右方移動の制約：曖昧性と解釈可能性　96

第4章　分裂文の統語論 ──────── 99

- 4.1　概観：類似構文との相違　99
  - 4.1.1　分裂文と類似構文　100
  - 4.1.2　擬似分裂文と類似構文　105
- 4.2　分裂文の派生と句構造　108
  - 4.2.1　擬似分裂文の構造　109
  - 4.2.2　分裂文の派生1：分裂節の移動　111
  - 4.2.3　分裂文の派生2：焦点の格上げ　116
  - 4.2.4　分裂文の句構造　120

4.3　焦点構成素に対する制限　124
　4.3.1　焦点構成素の統語範疇　124
　4.3.2　焦点構成素の単一性　130

第5章　分裂文の意味的特性 ──── 133

5.1　分裂文焦点の意味解釈　133
　5.1.1　選択的対比　133
　5.1.2　総記性含意　139
5.2　指定文としての分裂文　142
　5.2.1　変項値の指定　142
　5.2.2　変項存在の前提　145
5.3　談話における分裂文・擬似分裂文の用法　152
　5.3.1　無標の用法　152
　5.3.2　情報量豊かな前提部を持つ分裂文　154
　5.3.3　強調的分裂文　158

第6章　焦点化副詞 ──── 161

6.1　焦点化副詞による焦点化　161
6.2　焦点化副詞の分布制限：焦点との連合　162
6.3　焦点化副詞の意味：断定，前提，含意　167
　6.3.1　Only　167
　6.3.2　Even　171

参考文献　175
索　　引　189

第1章　焦点の位置づけと焦点化

1.1　文法における焦点の概念

「焦点」(focus)という概念を明確に特徴づけることは難しい．というのも，この概念が文法のさまざまな部門（component）あるいはレベルに関わる複雑な性格を持つものだからである．各部門における特徴づけは比較的単純で，たとえば，おおむね次のような形で焦点の概念を(部分的に)特徴づけることが可能である．

（1）　焦点とは，発話において最も強く発音される要素である．
（2）　焦点とは，発話内で最も重要な情報を担う要素である．

(1)は文法の音韻部門に関連した特徴づけで，焦点を音声的側面から捉えたものであり，(2)は(談話・語用論情報をも含めた広義の)意味部門に関連した特徴づけで，焦点を意味・談話情報的側面から捉えたものである．このような部分的な特徴づけは不完全なものではあるが，いずれも「際立ち」(prominence)という言い方でまとめられるような焦点の重要な性格を捉えており，それなりの有用性も持つ．問題は，このような部分的特徴づけから成る「焦点」という複合的な概念を，どのようにして文法全体の中に位置づけるかということである．

焦点は，少なくとも音声的側面と意味・情報的側面をそなえているわけであるが，これら異質の2側面は無関係であるわけでなく，かなりの程度の相関を示す．最も強く発音される要素は重要な情報を担うことが多く，また重要な情報を担う要素は，最も強く発音される要素を含むことが多い

のである．この事実から，焦点概念が音韻・意味の各部門において部分的に特徴づけられるものであるにしても，それを文法の枠組み全体を通じて一貫した形で位置づける必要のあることがうかがえる．したがって，焦点概念を把握するには，文法の異なる部門間の連絡関係を明確化しなければならない．

　生成文法理論においては一般に，音韻部門と意味部門の連絡は直接的なものではなく，間接的なものと仮定される．音声的な情報と意味的な情報は直接結びつけられるわけではなく，統語部門の情報を仲介として結びつけられるのである．具体的には，ある統語的特性が，音韻・意味のそれぞれの部門において一定の特性（ないし解釈）と対応づけられることにより，部門間の連絡が達成されると考えられる．この統語的特性は，いわば「統語的な際立ち」とみなしうるものになると思われるが，いま仮にこれを [+F(ocus)] という素性値で表すことにしよう．さらに，統語部門と音韻部門との間（インターフェイス）には概略 [+F] と最も強い発音とを対応づける規則が，統語部門と意味部門との間には [+F] と最も重要な情報としての解釈とを対応づける規則が，それぞれあるものと仮定しよう．このように考えることで，焦点の二面性を [+F] を介して統一した形で捉えることができる．(1) は [+F] が音韻部門において対応づけられる特性を，(2) は同じ [+F] が意味部門において対応づけられる特性を，それぞれ表現したものとみなすことができるからである．まとめると次のようになる．

　　（3）　文法における「焦点」：
　　　　　音韻部門　　　　　統語部門　　　　（広義の）意味部門
　　　　「最も強い発音」← 対応 →「統語素性 [+F]」← 対応 →「最も重要な情報」

　ここでの目的は，焦点の概念を文法の枠組み全体の中に位置づけることであるため，音韻および意味部門とのインターフェイスにおける対応づけの過程ないし規則の詳細には立ち入らない (cf. Jackendoff 1972; Guéron 1980; Rochemont 1986; Zubizarreta 1998; etc.)．「重要な情報」の意味的な性質については，1.3 節および 3, 5, 6 章で明らかにしていく．また，

素性 [+F] はあくまで文法部門間の連絡づけをするために仮定される抽象的な構成物であり，その本質(どのようにして統語部門に導入されるのか，他の統語素性とどのような関係にあるのか，独自の統語範疇として句投射を形成しうるのか，など)には不明の点も多く，これ以後詳しく論じることはない．ただし [+F] を持つと仮定しうる要素は，統語的に際立った要素として独特の表現化を受けるものであり，その統語的表現特徴を整理しておくことは本書で考察する英語の諸現象を見通すうえで有用であるので，以下この点を述べる．

1.2 焦点の統語的表現

　最も重要な，際立った情報としての解釈を担う焦点は，表現的にも際立った形で現れるのが普通である (cf. Halliday 1970, 164; Givón 1979, 300)．一般に，ある要素 X が特定の解釈を担うことを表現するうえで言語が用いうる文法的手段には，(a) 線形順序 (X を文中の特定の位置に置く)，(b) 特定構文 (X を特定の構文枠に当てはめる)，(c) 分析的標示 (X とともに(並べて)特定の語を使用する)，(d) 総合的標示 (X (あるいはそれと関連する要素)に特定の形態変化を示す)，(e) 韻律的標示 (X に特定の強勢や音調を示す) など，さまざまなものがある．もちろん，1 つの言語がこれら手段のすべてを同程度に利用するとはかぎらず，言語ごとに手段の選択・利用度は異なる．また同じ言語においても，表現される概念ごとに手段の選択は異なりうる．

　ある要素を，焦点として解釈されるべきものとして特定の(文法化された)仕方で表現することを，その要素の「焦点化」(focusing) と呼ぶことにするならば，英語の主な焦点化手段はこの表現手段分類の観点から，およそ次のように整理できる (cf. Creider 1979; Harries-Delisle 1978; Dik 1997, 327)．

(4) 英語の焦点化手段:
　　(i) 線形順序に基づく焦点化 (= 右方移動)
　　　 (e.g., A letter arrived for you FROM ENGLAND. Next to the fireplace stood A LARGE OLD SOFA.)

（ ii ）　特定構文に基づく焦点化（＝分裂文化）
　　　　　　（e.g., It was THE TONE OF HIS VOICE that surprised me.）
　　　（iii）　分析的標示に基づく焦点化（＝焦点化副詞との連合）
　　　　　　（e.g., I only KISSED your sister last night.）

　つまり，英語は焦点化のために上であげた最初の 3 つの手段を利用しているわけであり，焦点化に関してもっぱら統語法に依存した言語とみなすことができる．（焦点化のために独自の形態的手段（接辞付加など）を用いる言語は，インドネシア語派の一部の言語やアフリカの諸言語など数多くあるが，英語にはこのような総合的標示法が存在しない．また韻律的標示は音韻部門において与えられる解釈の帰結として捉えられるため，焦点化の一次的な手段としては考えない．）なお，英語では他の多くの言語と同様に，焦点化要素を連結詞の右に置いた擬似分裂文と呼ばれる構文（e.g., What you need is SOME STRONG BLACK COFFEE.）も焦点化手段として利用される（⇒ 4.2.1）．これは正確には (4) の (i) と (ii) の複合的な手段ではあるが，本書では分裂文と並行的な特定構文による焦点化手段とみなし，第 4 章と第 5 章においてまとめて扱うことにする．また，(iii) の only や even のような要素は共範疇的（syncategorematic）な性格を持つものであり（cf. Karttunen and Peters 1979），その範疇地位には不確かな面も多いが，本書では一貫して焦点化「副詞」と呼ぶことにする（⇒ 第 6 章）．

　英語文法の統語部門において素性 [+F] を持つと仮定しうる要素（統語的に際立った要素，統語的・構造的焦点）は，したがって，きわめて概略的ではあるが，次のような特徴づけにより特定することができる．

　（ 5 ）　英語の統語的焦点（XP [+F]）：
　　　（ i ）　節内で右方に配置される要素
　　　（ ii ）　It be ... that ～（および What ～ be ...）の構文枠において「...」の位置を占める要素
　　　（iii）　焦点化副詞と関連づけられる要素

これらの要素は一定の音韻・意味的特性と対応づけられ，(1) や (2) のような二面性をあわせ持った焦点という複合概念を形成する．「節の右方」，「It be ... that 〜 の構文枠」，「関連づけ」などが意味するところは，2, 4, 6 の各章においてなされる．

1.3 焦点の意味解釈の2種

統語的焦点に結びつけられる「最も重要な情報」としての解釈は，意味・情報的な際立ちとみなしうるものであるが，この重要性・際立ちのあり方は一様ではなく，少なくとも2つの種類がある．1つは，一連の談話内において初めて「提示」されるという意味で重要・際立っているというものであり，もう1つは，ある集合の中から他と「対比」されて特に選び出された成員を表すという意味で重要・際立っているというものである．発話要素の構造関係の観点から見るならば，前者は言語構造のいわば横軸である連辞的（syntagmatic）な関係に，後者は非顕在的な縦軸としての系列的（paradigmatic）な関係に基づいて成立する解釈と理解できる（cf. Kreidler 1998, 31–32, 40）．

統語的焦点として (5) でまとめたもののうち，節の右方に配置される要素は連辞的な焦点として，いわゆる新情報，提示的焦点（presentational focus）の解釈を受けるのが自然であり，分裂文および焦点化副詞との連合を受ける要素は系列的な焦点として，対比的焦点（contrastive focus）の解釈を受けるのが一般的である（⇒ 3.1.2）．2種の焦点解釈と焦点化手段とのこのような対応は，かならずしも常に成立するわけではないのであるが，本書で考察する諸現象を俯瞰するために (6) としてまとめておく．

(6) 英語の焦点の意味解釈と焦点化手段の対応：

$$\text{焦点}\begin{cases}\text{提示的・連辞的} = \text{線形順序による焦点化（右方移動）}\\ \text{対比的・系列的} = \begin{cases}\text{特定構文枠による焦点化（分裂文）}\\ \text{分析的標示による焦点化（焦点化副詞）}\end{cases}\end{cases}$$

以下，本書では，各焦点化手段とそれにより特徴づけられる要素がどの

ような統語的性質を持つのか，提示的および対比的焦点の意味的な性質とはどのようなものかを具体的に述べていく．

第 2 章　右方移動の統語論

2.1　はじめに：右方移動

　生成文法においては，要素が本来予測される位置になく，他の位置に現れている場合，その要素は「移動」を受けていると考えられてきた．代表的なものは，wh 移動である．英語においては，wh 移動を含めて左方向への移動が多いが，なかには逆の右方向へ要素が移動しているように見える構文が存在する．以下の構文が右方向への移動の代表的なものである．

- 名詞句からの外置
  [A review of Chomsky's new book] appeared.
  [A review] appeared [of Chomsky's new book].
- 重名詞句転移
  We attributed [the fire which destroyed the factory] to a short circuit.
  We attributed to a short circuit [the fire which destroyed the factory].
- 提示的 there 挿入
  [A man who we don't know] walked into the room.
  There walked into the room [a man who we don't know].
- 場所句倒置
  Into the room ran Robin Hood.

　しかしながら，近年，生成文法内部でもこのような右方向への移動に関しては，その存在を疑問視する意見も少なくない (cf. Rochemont and Culicover 1990; Kayne 1994; etc.)．1 つには，右方移動が最近のミニマリスト・プログラムにおける移動の概念とあわないということがあげられる．

具体的に言うと，ミニマリスト・プログラムの考え方では，移動が起こるためには形態論的動機づけを必要とし，何らかの素性照合が行われなければならないとされている．しかしながら，外置や重名詞句転移といった操作が形態的な要請を満たすために行われているとは，考えにくい．また，形態的動機づけを持つということは，移動が義務的であるということになるが，右方移動は，よく知られているように随意的操作である．さらに，最近では，移動は左方移動に限られるという主張も多く見られる．

このような背景のもとで，右方向への移動を捉えるには，wh 移動や名詞句移動の場合と同様に移動を伴う派生を仮定するか，あるいは，もともと分離した形で生成されたものを後に解釈規則で結びつけるという，2つの方法が考えられる．さらには，Chomsky のように，音韻部門での移動という考え方もある．また，移動による立場はさらに，右方移動を仮定する立場と左方移動による派生を仮定する立場に分かれる．本章では，上記の，従来は右方移動現象と捉えられてきた構文を，主として統語的観点から再度検討する．

2.2　名詞句からの外置

名詞句からの外置とは，次の (1) のような例において，(a) の文と (b) の文を関連づける操作である．名詞句内の前置詞句を対象とするものを「前置詞句の外置」(Extraposition of PP) と呼び，関係節などの外置を「名詞句からの外置」(Extraposition from NP) と呼んで区別することもあるが，ここでは，正確を期す場合を除いて両者をあわせて「外置」(Extraposition) と呼ぶことにする．

(1)　a.　［A man **from London**］walked into the room.
　　　b.　［A man］walked into the room ［**from London**］.

なお，単に「外置」と言った場合は，文を主語とする (2a) のような文から (2b) のような文（いわゆる仮主語構文）を導く操作を指すのに用いられることもかつては一般的だったが，現在では逆に (2b) から (2a) が派生すると考える研究者が多いので (cf. Emonds 1970, etc.)，本書ではこうし

た構文を「it 外置」と呼ぶことにし,「外置」という用語をこの意味で用いることはしない (⇒ 第 4 章).

(2) a. [That John loves Mary] is obvious.
b. It is obvious that [John loves Mary].

外置の対象となる要素は,統語範疇で言えば主として前置詞句と節であるが,文法機能の点から見ればそれぞれ,名詞句の補部（項）と付加部に分けられる．また,外置は主語名詞句からも目的語名詞句からも可能である．

前置詞句と関係節以外にも,いわゆる縮約関係節と呼ばれる後置修飾句が外置されるとする報告もあるが,可能であっても他の外置に比べて制限がより厳しく,その詳細が明らかではないので本書では考察から外す (cf. 長谷川他 2000, 409 fn. 1).

(3) I met a man this morning [**carrying a heavy parcel**].
(Quirk et al. 1985, 1348)

2.2.1 外置要素の位置

本節では,名詞句から外置された要素が,統語構造上どのような位置を占めるのかを考察する．ここで重要なのは,外置される要素の範疇よりも外置が起こる元の名詞句の構造上の位置であり,主語位置からの場合と目的語位置からの場合では,外置要素の置かれる位置が異なると考えるのが一般的である (cf. Terazu 1979; Baltin 1981; 中島 1984; Johnson 1985; etc.). 従来,外置要素は元の名詞句を直接支配する接点に付加されると考えられてきた．したがって,主語からの外置では外置要素は主語を直接支配する IP に,目的語からは VP に付加されることになる．これは,動詞句削除 (VP Deletion) や動詞句前置 (VP Preposing) といった動詞句を対象とする操作を外置要素を含む文に適用してみると,以下の例が示すとおり,主語からの場合と目的語からの場合とで結果が正反対になるからである．（以下では便宜的に,外置要素の「本来の」場所を下線「＿」で示すことにする.）

まず最初に，外置が主語位置から起こっている文に動詞句削除を適用してみよう．外置要素が動詞句内にあれば，この操作により動詞句とともに削除されることになり，逆に外部にあるなら，動詞句が削除されても外置要素は残るはずである．

(4) Although not many reviews appeared of Lucretia's performance, [one very scathing review __] did [_VP_ ~~appear~~] [of Max's performance].　　　　　　　　　　　　　　　(Baltin 1981, 267)

(5) *A man arrived with green eyes, and [a woman __] did ~~arrive~~ ~~[with green eyes]~~, too.　　　　　　(Johnson 1985, 117)

(4)からわかるように，主語からの外置の場合，外置要素が動詞句とともに削除されず後に残っても文法的であるが，逆に(5)のように，外置要素が動詞句とともに削除されると非文法的になる．したがって，主語位置からの外置要素は動詞句には含まれず，その外にあるということになる．

これを確認するために，今度は動詞句前置を適用してみよう．

(6) a. They said that a man would come in who had lived in Boston, and [come in] a man did __ [who had lived in Boston].
b. *They said that a man would come in who had lived in Boston, and [come in who had lived in Boston] a man did __.
　　　　　　　　　　　　　　　(Culicover and Rochemont 1990, 36)

(6b)が示すとおり，主語からの外置要素は，動詞句とともに移動することができず，(6a)のように，後に残った場合にのみ文法的になるのであるから，やはり動詞句の外にあると考えられる．ただし，Rochemont and Culicover (1990; 以下 R & C 1990 と略記) などはこれとは違う主張をしているので，この問題は後でもう一度検討する．

次に，目的語からの外置の場合はどうであろうか．主語位置からの外置要素の場合と同じように，2つの動詞句構成素テストを適用してみると，結果は次のようになる．

(7) *John calls people up with blue eyes and Bill does ~~call people up~~ [with green eyes].　　　　　　　(Rochemont 1986, 122)

(7)では，目的語からの外置要素は動詞句といっしょに削除されなければならないのであるから，外置要素の位置は動詞句の中であることがわかる．次の動詞句前置の例も同様で，外置要素は動詞句とともに文頭に現れなければならない．

(8) a. John said that he would call people us who are from Boston, and [call people up who are from Boston] he will __.
b. *John said that he would call people us who are from Boston, and [call people up] he will __ who are from Boston.

(Baltin 1981, 269)

以上の結果を図示すると，主語および目的語からの外置要素の着地点は次のようになる．(SX, OX はそれぞれ，主語から外置された要素と目的語から外置された要素を表す．)

(9)

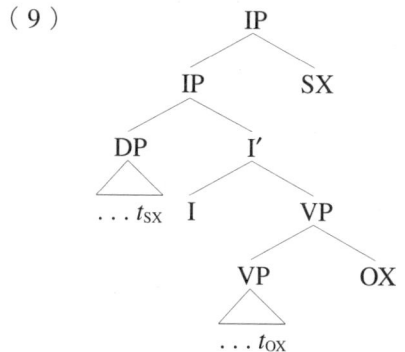

OX の位置については，現在でもこの分析は有効だと思われるが，SX については，IP だけではなく，VP にも付加される可能性が Culicover and Rochemont (1990; 以下 C & R 1990 と略記) によって指摘されている．彼らは，次のような動詞句削除の例では，2 番目の節の主語は外置要素がある場合と同じ解釈ができるとし，この解釈が可能なのは動詞句削除によって SX が VP といっしょに削除されたためで，このことから，SX はかならずしも IP に付加される必要はなく，VP に付加されてもかまわないと論じている．

(10) A MAN came in with blond hair, and a WOMAN did TOO.

この文の外置要素と意味的にほぼ同じ形容詞を含む (11a) では，動詞句削除が起きても，形容詞の表す内容は含意されない．これは，(10) では，削除された動詞句内に SX が含まれるが，(11) では，そもそも外置が適用できず，外置要素が存在しないので同様の解釈が得られないと彼らは考えている．

 (11) a. A blond-haired MAN came into the room, and a WOMAN did TOO. (C & R 1990, 32)
    b. *A man came into the room blond-haired. (ibid.)

しかしながら，このことをもって (10) の動詞句削除の例で SX が VP に含まれると結論するのは，少々危険であるように思われる．というのも，次のような例では，a dwarf は a dwarf running from a puppy の読みが可能だからである．

 (12) a. A fat lady running from a puppy might be laughed at, but a dwarf wouldn't be. (J. Emonds 氏個人談話)
    b. *A fat lady might be laughed at running from a puppy.

また，彼ら自身が注でふれているように，動詞句削除を含まない次のような例においても，外置要素があるかのような解釈が可能である．

 (13) a. If you find a man who has lived in Boston, or a woman, please tell me.
    b. A MAN who is convinced of bank robbery will get a ten-year sentence, but a WOMAN would get only five years. (C & R 1990, 32, n. 21)

したがって，この種の現象は，統語構造とは違うレベルの，一種の推論の過程によって説明すべきものであり，等位構造では平行性が要求されることや，仮定法では言外の条件の存在が意識されることなどが，こうした解釈の有無に関わってくるものと思われる．

C＆RがSXの動詞句への付加の根拠として他にあげているのは，次の(14b)におけるas quickly as possibleとSXが生じる順序である．

(14) a. They asked him to come into the room as quickly as possible, and come into the room as quickly as possible he did.
   b. [Some women ＿] came in [(who were) from Chicago] as quickly as possible.

(14a)からわかるとおり，as quickly as possibleはVP内の要素であるが，(14b)では，SXがその句より前にきており，これが正しいとすると，SXはVP内に現れていることになる．しかしながら，これに対してNakajima(1990)は，(14b)よりも，次の(15)の語順のほうがより自然であると指摘している．

(15) [Some women ＿] came in as quickly as possible [who were from Chicago].

また，次の(16)はSXの例ではないが，やはりas句のほうが外置要素より前にきている．

(16) Can you give me [NP the names of [NP any newcomers ＿]] as soon as possible [from Finland] [who may have programming experience]?　　　　　　　　　　　(Stucky 1987, 392)

したがって，(14b)を根拠にSXがVPに付加されるとするのは問題であろう．
　主語・目的語位置以外で外置が観察されるのは，文(CP)の指定部位置にあるwh句からの外置と前置詞句の目的語からの外置である．
　CP指定部からの外置の場合，着地点に関して言えば，(少なくとも関係節の場合には)主語位置からの場合より高い位置につくことを示すと思われる証拠がある．後で見るように，右方移動には上方制限があって，主語からでも目的語からでも，それが属している文を越えての移動はできないが，CP指定部からの場合に限って，元の文を越えることが可能なようである．代名詞を使ったテストからも，CP指定部からの外置要素が元位置

を支配する VP の外にあることが確認できる．

(17) a. *He$_i$ [$_{VP}$ [$_{VP}$ invited [several girls t_j] to the party] [$_{CP}$ that John$_i$ dated in high school]$_j$].
b. [How many girls ___$_j$] did [$_{IP}$ he$_i$ invite to the party] [$_{CP}$ that John$_i$ dated in high school]$_j$?　　　(C & R 1990, 43)

(17a) が示すように，主語位置にある代名詞は，目的語から外置された関係節の要素を先行詞とすることができないが，(17b) から明らかなように，CP 指定部から外置された場合はこれが可能である．したがって (17a) では，目的語からの外置要素は主語によって c 統御される位置，すなわち VP 内にあり，一方の (17b) では主語より高い位置，つまり CP に付加された位置にあると考えられる．たとえば，次の (18a) では last week が主節を修飾する読みが可能だが，(18b) ではできない．

(18) a. [What secret documents] did the British government announce they were about to reveal **last week** [that would change our view of history]?
b. The British government announced that they were about to reveal [several secret documents] **last week** [that change our view of history].　　　(Rochemont 1992, 152)

このことから，CP 指定部からの外置要素は，補文を越えて主節(の last week より高い位置)に付加されていることになる．

次に，CP 指定部位置からの前置詞句の外置の場合を考えよう．

(19) a. [What news] does he have [of his children]?
b. [Which review] was [considered to be unfair (by the author)] [of his recent book on art history]?
　　　　　　　　　　　　　(J. Emonds 氏個人談話)

こうした CP 指定部からの外置はすべて wh 疑問文であるため，主語位置や目的語位置からの外置のように統語テストが適用できず，外置された前置詞句の着地点はあまり明瞭ではないが，(19b) からすると，補文より

高い位置に付加されると考えてよいかもしれない．ただし，文末における語順には階層関係以外のさまざまな要因もからんでおり，たとえば，節と前置詞句が同じ階層に属しているならば，節が文末にくるほうが自然な場合が多いが，こうしたことは統語構造に原因を求めるよりも，知覚のストラテジーなどの点から説明すべき事柄であろう．これに関連して，Ernst (2002) は，要素の重さを決める要因として (CP > PP > DP > AP > ...) のような階層を提案している．

前置詞の目的語名詞句からの外置の場合，通常，動詞句の補部となっている前置詞句からの外置のみが許され，外置要素の現れる位置は動詞の目的語からの場合と同じと考えられる．

(20) a. Mary traveled [to a town __] recently [that she used to visit in the summer].
 b. *The mayor resigned his office [after an election __] for some reason [that he wan in a landslide].

(Kroch and Joshi 1987, 134)

2.2.2 外置の条件
述語制限

外置は随意的な操作であるが，いつでも自由に行えるわけではなく，さまざまな制限がある．たとえば，主語からの外置は目的語からの外置よりも制限が厳しく，特に他動詞の主語からの外置は普通，許されない．

(21) a. John met [a man __] yesterday [with three arms].
 b. *[A man __] met John yesterday [with three arms].
(22) *[A man __] kissed Mary [with long hair].

また，自動詞であっても，次の例のように外置できない場合もある．

(23) *[A man __] sang [with blond hair].

主語からの外置が可能な述語には共通した意味的特徴があり，基本的には「出現」「存在」を表す自動詞に限られる (⇒ 3.1.4)．しかしながら，

他動詞でも受動化を受けて目的語が主語位置に移動すれば，主語からの外置が可能になる場合もある．いわゆる創造動詞（verb of creation）の場合に容認可能性が高くなるのは，動詞の表す行為によって初めて目的語が「出現」するからだと言えよう．（cf. Fukuchi 1978; Johnson 1985; etc.）

(24) a. They advanced / put forth / proposed [a theory that rule application is unordered].
b. [A theory __] was advanced / put forth / proposed [that rule application is unordered].　　　(Fukuchi 1978, 41–42)
(25) a. [The claim __] was made by John [that the rain was causing the accidents].
b. *[The claim __] was ridiculed by John [that the rain was causing the accidents].　　　(Emonds 1976, 148)

しかしながら，能動態の他動詞構文ではぜったいに主語からの外置が起こらないかと言えば，そうではない．述語が主語の「存在」「出現」を表すものならば，次の例が示すとおり，可能である．(26)は補部の外置の例，(27)は関係節の例である．

(26) a. [Astounding news __] reached us [of the discovery of gold in the Lake District].
b. [The possibility __] presented itself [of creating an institution devoted exclusively to optics].
(27) a. [A lady __] approached me [who had long golden blonde hair].
b. This time, [a woman __] answered the door [who said she was a cleaning woman who was just there for the morning].

以上のような述語の制限とは性格を異にするが，長原 (1990) によれば，CP 指定部に移動した wh 句からの外置は他の場合よりかなり自由で，述語の制限も緩いようである．

(28) But [what __] have I to offer [that would strike him as an opportunity]?　　　（長原 1990, 148; Capote からの引用）

また，CP 指定部ではないが，数量詞を含む主語句からの外置も，同様に述語制限が緩くなる．これは長原が言うように，疑問化や数量化の対象は範囲を限定して使用するのが自然だから，制限的要素が後に続くことを普通の名詞句の場合よりも予想しやすいためであろう．

(29)　a. *[The man] kissed the woman [who entered the store].
　　　b. [Anyone] can kiss the girl [who has blue eyes].
(長原 1990, 146)

前置詞句の外置

すでに見たように，前置詞句は主要部名詞の補部であっても付加部であっても，外置が可能である．しかしながら，補部の場合と付加部の場合を比べると，補部は他の意味的・統語的条件に違反しなければ比較的外置されやすいが，付加部間では外置の適用可能性に違いが見られ，ある意味では，付加部のほうがより制限が厳しいように思われる．(Radford (1988, 191) は正反対の意見を述べているが，これは正しくないと思われる．) これは，次のような対比からも明らかである．

(30)　a. [A man ＿] appeared [with green eyes].
　　　b. [A man ＿] appeared [from New Castle].
(31)　a. *[The stain ＿] is visible [on the floor].
(奥野 1989, 319–320)
　　　　(cf. When the operation is complete, [very little evidence ＿] is visible [of the repair].)
　　　b. *[A statue ＿] was once placed here [in this picture]. (この写真に写っている彫像)
　　　　(cf. [Less interest ＿] was expressed [in casino gambling strategies, sports management, and recreational activities].)

[N.B.] (30b) は 2 通りに曖昧で，「(起点としての)ニュー・キャッスルから」という意味にも，「ニュー・キャッスル出身の」という意味にもとれるが，ここで問題としているのは後者の意味の場合である．前者は外置が関わらない単なる動詞修飾要素で，次の例のように主語が固有名詞や代名詞で

も現れることができる.

(i) Tarzan / He appeared from the jungle.

また,同様の曖昧性が (30a) のような場合にも見られる.Fiengo (1980, 154–155) があげている次の例は,固有名詞が使われていることから明らかなように外置の例ではないが,いまの問題を考えるうえで示唆的である.

(ii) a. Nosferatu appeared (to him) with green eyes.
b. *Nosferatu with green eyes appeared (to him).

この場合の with green eyes は,普通は,生来の目の色ではなく,緑色のカラーコンタクトか何かを装着して現れたという意味に解釈するのが自然であろうが,この場合は,吸血鬼ノスフェラトゥが正体を現して,普段とは違う緑色の目で現れた,と解釈すべきかもしれない.いずれにせよ,この「外置句」は一時的な状態を表していると考えられる.定名詞句からの外置に関して,同様の指摘が高見 (1995, 179) にも見られる.

(30) と (31) の違いは,外置される前置詞句が主要部の名詞に対して果たす,意味的機能の違いに求められるのではないかと思われる.名詞を修飾する前置詞句には,存在する場所など一時的な状態を記述するものと,主要部名詞の特徴を述べたり,その名詞が表す概念を限定する分類の機能を果たすものがある.この区別は,Carlson (1977) が提案した「局面レベルの述語」(stage-level predicate; 一時的状態) 対「個体レベルの述語」(individual-level predicate; 恒常的性質) の区別にほぼ相当すると思われる.たとえば,(31a) の例で言えば,「床の上にあること」は「汚れ」の内在的な性質ではなく,一時的,偶発的な位置情報を述べているにすぎないが,一方,(30) などの「身体的特徴」や「出身地」は後者の例で,これらは恒常的な特性であり,それぞれ,それが修飾する名詞に対して特徴づけ・分類の機能を果たしていると言えよう.このように考えると,英語において外置の対象となりうるのは,補部前置詞句と,特徴づけ・分類の機能を果たす前置詞句に限られると言ってよいかもしれない.

これを文理解という観点から見れば,外置要素が局面レベルの前置詞句の場合,動詞句修飾要素としての解釈が優先され,外置要素として認識し

にくいので，容認可能性が落ちると考えてよいのではなかろうか．（記述の2次述語がおおむね局面レベルの述語に限られるという事実も，思い起こしてもらいたい．）また，関係節のほうが前置詞句よりも外置の制限が緩いという事実は，関係節の場合，関係詞や空所を含むことなどから，動詞句修飾要素と間違って解釈される恐れがないという点に求められるかもしれない．

2.2.3　外置構文の分析

外置構文をどのように分析するかを論じる際に，まず考えなければならないのは，これが wh 移動のような移動の結果なのか，あるいは基底で生成された要素と主要部名詞句の修飾関係（modification）なのかということだが，その前に，移動は移動でも外置を音韻部門での移動，つまり文体規則とみなす立場にふれておこう（cf. Rochemont 1978, 1986; Chomsky 1986, 1995; etc.）．

従来から，wh 移動などの義務的操作とは違って，その適用が随意的で，談話に関わる要因に左右される規則は統語的な操作と区別され，文体規則とみなされてきた．この意味では，「焦点」という概念が深く関わる外置や重名詞句転移はまさに，文体規則とすべきものであるように思われる．また，基本的には，外置の有無によって意味が変わることはないということもこうした考え方の基になっている（⇒ 3.1.1）．さらに，外置を文体規則と考えると，文体規則は統語的な操作が完了した文に対して適用されるのであるから，(32) のような文は，主語条件の違反とはならない．

(32)　[A book ＿] appeared [by a famous author].

しかしながら，文体規則は数量詞の作用域（scope）や束縛（binding）関係などを変えないものと考えられるので，以下であげるような事実を考慮に入れると，外置を文体規則とみなすことには無理がある．

まず，Guéron (1980) が指摘したように，外置の有無によって，否定極性項目（negative polarity item: NPI）の分布が異なる．

(33) a. *The names of any of those composers weren't called out yet.
　　　b. The names weren't called out yet of any of those composers.

any のような NPI は，それに先行し，かつ c 統御する否定要素によって認可されると考えておくと（cf. Ernst 2002, etc.），(33a) では NPI が weren't（厳密には not）に先行しているので any を認可できないが，一方，(33b) では weren't が any に先行し，かつ c 統御しているので文法的である．これは，統語レベルでの移動を仮定する分析や，基底生成分析にとっては問題ではないが，音声形式の段階で語順を変える文体規則分析では，NPI が認可されるレベルでは外置は生じておらず，(33) の対比は説明できない．また，代名詞の同一指示の可能性の点から考えても，文体規則として扱うことには問題がある．音韻部門での語順変化ならば代名詞の指示には影響がないはずであるが，実際には (34) のような対比が見られる．

(34) a. I sent her$_i$ many gifts last year that Mary$_i$ didn't like.
　　　b. *I sent her$_i$ many gifts that Mary$_i$ didn't like last year.
(C & R 1990, 29)

議論としては不十分であるが，以上の証拠から，本書では外置を文体規則とみなす立場はとらず，以下では移動分析と基底生成分析について検討する．なお，詳しく見る余裕はないが，外置に対する別の考え方として Erteschik-Shir (1981) は，外置された PP を「追加表現」(afterthought) とする分析を提案している．たしかに，これまで外置の例としてあげられてきた例の中には，追加表現とみなすべきものも含まれているように思われ，こうした方向での検討も必要であろう．なお，Erteschik-Shir はこの分析を支持する証拠として，次のような例をあげている．

(35) a. *John saw a picture yesterday of himself.
　　　b. *John and Bill saw pictures yesterday of each other.

Erteschik-Shir によれば，yesterday のような副詞は文がそこで完結していることを示しており，それ以降の要素はその文からは独立しているた

め，照応形が生じないことになる．

移動分析をめぐって

　右方移動を，wh 移動などの左方移動と同様に「移動」として扱うべきか否かをめぐって，これまでよく取り上げられてきたのが，移動一般に対する制約である「下接の条件」(Subjacency Condition) に，外置などの右方移動が従うかどうかという点である．移動に対する制約に従うということは，その操作が移動であることの証拠になるからである．

　また，逆に，外置が移動でないことを示す証拠としてたびたび持ち出されてきた現象に，「分離先行詞」の問題がある．こうした問題を以下で順に見ていこう．

下接の条件と外置

　下接の条件とは，要素の移動は2つ以上の境界節点 (bounding node) を越えてはならないことを求めるもので，ここでは説明を簡略化して，IP と NP を境界節点としておく．

　まず左方移動の例を見ておこう．

(36) a. Who$_i$ do [$_{IP}$ you believe t_i'' that [$_{IP}$ John said t_i' that [$_{IP}$ Mary loves t_i]]]?
　　　 b. ??Who$_i$ do [$_{IP}$ you believe [$_{NP}$ the claim t_i' that [$_{IP}$ John kissed t_i]]]?

(36a)では，1回ごとの操作では境界接点を1つ越えるだけであるが，一方 (36b) では，who の中間痕跡 t_i' が NP と IP という2つの境界節点を越えており，下接の条件により排除される．次は外置の場合である．

(37) a. [$_{NP}$ The execution of the man who shot Smith] has been delayed.
　　　 b. *[$_{NP}$ The execution of [$_{NP}$ the man ＿]] has been delayed [who shot Smith].　　　　(McCawley 1988, 531)

(37b)では，外置された関係節が2つのNPを越えることになり，下接の条件は正しく(37b)の派生を阻止する．

以上の議論は，Akmajian (1975)やChomsky (1981)などで示された考えを簡単に紹介したものであるが，外置と左方移動ではいくつか重要な違いがあるので，これだけを根拠に外置が移動の一種であるという結論を下すわけにはいかない．たとえば，wh移動などの左方移動は，下接の条件に従うものの，連続循環的な適用が可能で，結果的に長距離移動が許されるのに対し，右方移動では，こうした循環適用ができない．こうした問題も含めて，これら2つの移動の違いを以下で見ていく．

左方移動と右方移動

外置を含む右方移動とwh移動などの左方移動の最も顕著な違いは，Ross (1967)が最初に指摘した「上方制限」(upward boundedness)——ある規則によって移動を受ける要素がそれを支配する最初の節境界を越えられない場合，その規則には上方制限があると言う——の有無であろう．外置や重名詞句転移などの右方移動は，すべてこの制限を受ける．たとえば，次のような場合，外置要素は主節の要素 by everyone を越えて右に移動することはできない．

(38) a. It was believed that [IP John saw [NP a picture __] in the newspaper [of his brother]] by everyone.
(Rochemont 1992, 375)
b. *It was believed that [IP John saw [NP a picture __] in the newspaper] by everyone [of his brother]. (*ibid.*)

一方，wh移動などの左方移動の場合は，前節で見たとおり，上方制限を受けない．このように，左方移動では可能な循環適用が右方移動では許されないという点では，外置は左方移動規則より厳しく制限されていることになるが，主語句からの取り出しや名詞句の付加部の取り出しに関しては，事情が逆になる．

通常，主語句からの左方移動はできないが(主語条件)，次の例が示すよ

うに，外置の場合は可能である．

   (39) a. [A review __] appeared recently [of Chomsky's book].
         b. *[Of whose book] did [a review *t*] appear recently?

また，付加部は，主語句からも目的語句からも左方移動は許されないが，外置は可能である．

   (40) a. [A woman __] walked into the room [with blond hair].
         b. *[With what color hair] did [a woman *t*] walk into the room?
   (41) a. I met [a man __] yesterday [with blond hair].
         b. *[With what color hair] did you met [a man *t*]?

したがって，外置は，節境界を越えての移動に関しては左方移動より制限されているが(上方制限)，その他の点については左方移動より自由である．

こうした左方移動と右方移動の違いを捉えようと，これまでさまざまな提案がなされてきた．たとえば，上方制限について，Ross (1967) は右方移動と左方移動を区別して，右方向に移動される要素は，それを支配する最小の節を越えてはならないことを規定する，右方移動に対してだけ適応される条件（右屋根の制約：Right Roof Constraint）を提案している．左方移動にのみ連続循環的適用を許すというのも，こうした試みの1つと言えよう．また，Baltin (1981) は，下接の条件を移動の方向によって区別すること（一般化下接条件：Generalized Subjacency）を提案している．(Baltin は，左方移動とは異なり，右方移動では被移動要素を支配するすべての最大投射が移動の障壁(境界節点)になると考える．) Baltin はさらに，(40) のような対比を，修飾関係の方向性の規定で解決することを提案している．しかしながら，移動の条件に方向性を持ち込むのは理論的に望ましくないとする，批判的な意見も多く見られる (cf. R & C 1990, etc.).

Ross の右屋根の制約をはじめとして，こうした提案はもっぱら，移動に対する制約という形で外置操作の局所性を捉えようとしたものであるが，Nakajima (1989) は，外置要素とその痕跡の関係を，束縛原理 (A)

における先行詞と照応形の関係とみなすことによって，外置変形の局所性が説明可能であると論じている．束縛原理 (A) とは，再帰代名詞などの照応形が一定の範囲内に先行詞を持たなければならないことを求める原理で，次の対比はこれにより説明される．

(42) a. [IP The students$_i$ like each other$_i$.]
 b. *The students$_i$ believe [IP that each other$_i$ is / are the best].

ここで，外置要素の痕跡を照応形とみなせば，次の (43) の対比も同様に束縛原理 (A) から説明できる．

(43) a. [IP John saw [NP a picture __] in the newspaper [of his brother]].
 b. *It was believed that [IP John saw [NP a picture __] in the newspaper] by everyone [of his brother]. (= (38b))

分離先行詞

　一見すると移動分析にとって非常に不利だと思われる現象は，次の例に見られる，関係節の分離先行詞 (split antecedent) の存在である．

(44) A man$_i$ came in and a women$_j$ went out who$_{i+j}$ were quite similar.
(R & C 1990, 38)

この例で，文末に置かれた関係節内の述語は，意味的にも統語的にも複数形の主語を必要とするが，この文の中には who の適切な先行詞がなく，a man と a woman という，ひとまとまりになっていない不連続要素が先行詞となっている．この文を次のような文から派生することができないのは，明らかである．

(45) *A man [who was / were quite similar] came in and a woman [who was / were quite similar] went out.

したがって，このような関係節は移動によって生成することはできない．
　しかしながら，この分離先行詞の問題は，別の角度から考えることがで

きる．英語には2つ(以上)の等位節の右端の共通要素をまとめて文末に配置する，「右節点繰り上げ」(Right Node Raising: RNR) という操作がある．そのメカニズムは明らかではないが，次のような例はこの操作によるものと考えられる．

(46) Jane admires, but Bill hates, the President.

ここで，次の例を見てみよう．

(47) John whistled and Mary hummed the same tune.
(Jackendoff 1977, 192)
（ジョンが口笛で吹いたメロディーとメアリーがハミングしたメロディーは同じだった．）

先ほどの (45) と同様，この例でも「共通要素」内に same や different など，2つ(以上)の要素に言及する形容詞が使われているにもかかわらず，同一文中にはそれに相当する要素がない．なお，例の下につけた拙訳からもわかるように，こうした例は，単に等位接続された2つの文の共通要素をまとめて文末に回したものではない．したがって，(47) のような文も上の (45) の場合同様，移動によって派生されたものではないことは明らかである．こうした類似性から，R & C (1990) が外置の例とした (45) も RNR によるものと考えるのが自然であろう．

さらに (47) のように，目的語が関係節の分離先行詞となっている例もある．

(48) a. John met a man$_i$ last week and a woman$_j$ yesterday who$_{i+j}$ were from the same city.
b. I met a man$_i$ yesterday and a woman$_j$ last week who$_{i+j}$ turned out to be married to one another. (Culicover 2002)

このように，移動分析にとって問題とされていた外置要素の分離先行詞の存在が，実際は，外置という操作ではなく，RNR によるものということになれば，移動分析にとって不利な証拠とはならない．

加えて，次の例が示すとおり，等位構造を含まない1つの文の中では関係節の分離先行詞が生じないという，Baltin (1978) が指摘した事実も，この結論を支持するように思われる．RNR は原則として，等位構造を前提としているからである．（ただし，これには Williams (1994) などが異なる分析を提案している．）一方，普通の代名詞の場合は，このような場合でも分離先行詞をとりうることに注意してほしい．

(49) *A man$_i$ saw a woman$_j$ who$_{i+j}$ were from Boston.
(50) 　Tom$_i$ told Mary$_j$ that they$_{i+j}$ could marry.

基底生成分析

　C & R (1990) および R & C (1990) は，上で見たような移動分析の問題をふまえたうえで，外置要素を基底生成し，外置要素と，外置要素と関連づけられる要素(以下，「宿主」と呼ぶ)との関係の認可は，解釈規則によるほうが望ましいと主張している．彼らの提案する解釈規則(「補部原理」(Complement Principle)) は，外置要素と宿主が統率関係——どちらか一方が他方を統率する関係——にあることを規定したもので，従来，右屋根の制約などで説明されてきた上方制限の例は，すべてこの規則により扱うことが可能であるというのが R & C (1990) の主張である．実際，上方制限に違反する例では，統率関係が成立していない．また，したがって，理論的に問題の多い，右方移動専用の条件をたてる必要はなくなる．

　しかしながら，これはあくまで，外置要素が θ 基準に照らして基底生成しうるならば，という条件つきでの話である．付加部に関して言えば，その存在は θ 基準によって強制されないので自由に生成できるが，一方，補部はもともとは名詞句内にあったと考える必要があると思われる．したがって，もし名詞句の補部が外置された位置に現れるとすれば，それは移動を受けたと考えるのが自然であろう．実際，C & R (1990) も，次の (51) のような形容詞の補部の外置について，外置要素が基底生成されるとすると fond とは別に生成することになり，fond の下位範疇化特性が満たされないことになると述べている (C & R 1990, 42, n. 35)．

(51) a. How fond are you [of Sally]?
　　　b. *I am very fond.

外置操作が移動であることを示す証拠として，熟語表現 (idiom chunk) の一部が外置される場合をあげてもよいかもしれない．生成文法では，熟語表現は移動が関与している証拠としてしばしば使われる．たとえば，Radford (1988) は take advantage of (利用する，(人を)だます) などの熟語表現を使って，NP 移動変形の存在を証明しようとしている．

(52) a. Let's **take advantage of** the warm weather.
　　　b. **Little advantage** was **taken of** the situation.
　　　　　　　　　　　　　　　　　　　　　(Radford 1988, 423)
　　　c. *I don't like talk about little advantage.

(52c) が示すように，熟語表現の一部である advantage は，現れうる場所が厳しく制限されていて，take の補部としてのみ許されるが，(52b) では主語として現れている．熟語表現は，辞書においてその結びつきが指定されていると考えられるので，熟語の読みを持ったまま，その構成要素が表面上離れている場合，移動規則によって派生されたと考えざるをえない．したがって (52b) は，little advantage が移動を受けて主語位置を占めるに至ったと説明される．

この議論を外置に当てはめて考えると，次に示す例は，外置もまた移動の結果生じるという証拠と言えよう．(ただし，VP シェル (VP shell) を仮定し，英語においても目的語が顕在的に上昇すると考えると，右方移動の存在を示す証拠とはならないが，依然として外置が基底生成ではなく移動であることの証拠にはなる．cf. Chomsky 1995, 331.)

(53) a. Your wife was clearly a most exceptional woman, and I shall always regret that I did not [**take advantage** __] earlier [**of** the opportunity to know her better], . . .
　　　b. Men who are inexperienced as caregivers often are very anxious about [**taking care** __] emotionally [**of** themselves and their partner and children].

こうした例は，基底生成で説明するのは困難であり，右方向にしろ左方向にしろ，移動により生じたと考えるのが自然であると思われる．

以上の議論から，解釈規則を用いた基底生成分析は，右方移動分析の問題点である局所性についてはエレガントな解決方法を提供するが，移動によってしか派生できない外置要素も存在することから，名詞句からの外置についてすべてを基底生成で分析するわけにはいかないということは明らかであろう．

非対格動詞と外置

ここまで，移動分析には不利と思われる事実をいくつか見てきたが，移動分析を救う可能性がある分析が，Johnson (1985)，中島（1995）らによって提案されている．

Johnson (1985) は，主語句からの外置を許す動詞がおおむね，「非対格（unaccusative）動詞」と呼ばれる一群の動詞であることに着目した．非対格動詞とは，大ざっぱな言い方をすれば，動作主（AGENT）ではなく主題（THEME）を主語としてとる自動詞にほぼ相当する．非対格動詞は，結果構文や there 構文などのさまざまな点で，動作主を主語とする「非能格（unergative）動詞」と異なる振る舞いをする．

こうした非能格動詞と非対格動詞の違いは，非対格動詞の主語が，もともとは他動詞の目的語と同じ位置に生成され，後で主語の位置に移動するのに対し，非能格動詞の主語は元から主語位置を占めると考えることで説明できる（非対格性仮説）．

(54)　a.　非能格動詞　　　　b.　非対格動詞

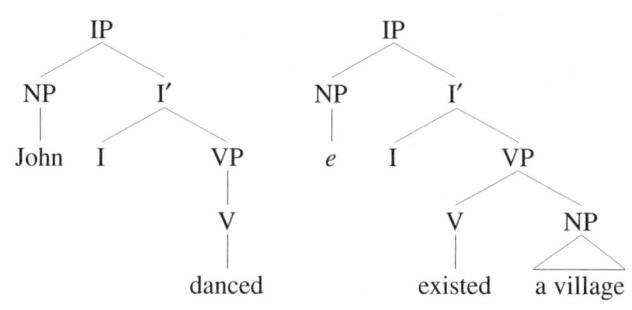

```
       IP                        IP
      /  \                      /  \
    NP    I'                  NP    I'
    |    /  \                 |    /  \
   John I    VP               e   I    VP
             |                         /  \
             V                        V    NP
             |                        |    /\
          danced                  existed a village
```

　このように考えれば，上で出てきた問題点を移動分析の枠組みで解決する道が開かれる．次の (55) が示すように，他動詞の目的語位置からの wh 移動は許されるが，主語位置からはそれができない．これは，語彙的な主要部と姉妹関係にない要素からの取り出しを禁じる「摘出領域条件」(Condition on Extraction Domain: CED) によるものである．ここで，非対格性仮説を採用すれば，非対格動詞の主語は他動詞の目的語と同じ扱いになり外置は可能となるが，一方，非能格動詞では，主語はもともと主語位置に生成されるので，CED により要素の取り出しは禁じられる．また，受動文では主語はもともとは動詞の目的語位置にあると考えられるので，非対格動詞の場合と同じように扱うことが可能である．

(55)　a.　*Of whom did [a picture t] surprise you?
　　　b.　Of whom did you see [a picture t]?
(56)　a.　[＿] appeared [a man with three eyes].
　　　b.　[＿] was published [a review of his new book].

　したがって，主語からの外置がなぜ非能格動詞や他動詞では許されず，非対格動詞の場合にのみ可能なのかが自然に導き出されることになる．このように考えれば，名詞句からの外置を wh 移動などの左方移動と区別して特別な規定を設ける必要がなくなる．
　しかしながら，非対格分析も問題がないわけではない．たとえば，述語制限のところでも述べたが，他動詞や非能格動詞の主語からも外置が可能

な場合がある．また，非対格動詞すべてが主語からの外置を許すわけではない．次の (57) は高見・久野 (2002, 400–401) からの例である．

(57) a. A man talked (yesterday) [with blond hair].
b. A thought never crossed my mind [of accepting their offer and dropping the suit].
c. *A portrait fell (to the floor) [of Abraham Lincoln].

ただし，Johnson (1985) や中島 (1995) は，関係節の外置（および前置詞句の外置の一部）については基底生成されるという分析をとるので，これらの例は反例とならない．また，他動詞の例のうち，主題を主語とするもの ((57b) など)については，空の非対格動詞を持つ VP シェルを仮定することで対処できる可能性がある (cf. 中島 1993; 桑原 1995)．

残留分析

Kayne (1994) は，これまで見てきた外置構文の分析とはまったく異なる提案を行っている．これは移動分析の一種ではあるが，従来の移動分析が，外置は右方向への移動を含むものとして分析するのに対して，Kayne は外置を左方移動として捉え直そうとしている．これが正しければ，ミニマリスト・プログラムの枠組みと矛盾しない形で外置を分析することが可能になる．

Kayne は，句構造における終端記号列間の線形順序，すなわち，語順はそれを支配する上位の要素（非終端記号列）間の階層関係——非対称的 (asymmetric) c 統御関係——によって完全に決定されるという主張をしている．たとえば，x と y を終端記号列とし，X と Y がこの 2 つをそれぞれを支配しているとすると，X が Y を非対称的に c 統御していれば，x と y の順序関係が決定される．そして，Kayne はこの順序関係は普遍的に「x が y に先行する」関係だと仮定する．句構造の階層関係と語順を対応させるため，Kayne は次のような公理を提案している．

(58) 線状一致の公理 (Linear Correspondence Axiom: LCA): d(A) は T の線形順序である．

ここで，A は句構造における非対称的 c 統御関係にある，すべての非終端記号列の順序対の集合であり，T は終端記号列の集合とする．d(A) は，A に支配されるすべての終端要素の集合を表す．

こうした仮定のもとでは，右方向への移動操作も，付加部を右側に基底生成することも禁じられる．なぜなら，右側にある要素はその左の要素よりも階層が下でなければならないが，移動は元位置を c 統御する位置にしか行えないからであり，また，付加部は常に主要部や補部を非対称的に c 統御する位置にあるため，これらに先行していなければならないが，そのためには付加部は左側に基底生成される必要があるのである．ここで，上で見た右方移動による目的語からの外置の結果として従来考えられてきた構造が，次のようなものであることを思い起こしてもらいたい．

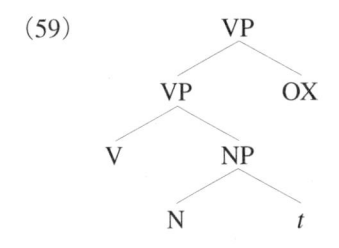

(59)
```
         VP
        /  \
      VP    OX
     /  \
    V    NP
        /  \
       N    t
```

Kayne の階層関係と語順の仮定からすると，この構造では，外置された要素 OX は右方向ではなく，左側に付加されなければならない．また，(59) の構造を基底生成しても結果は同じである．したがって，上で見てきた外置の分析はすべて Kayne の枠組みでは許されず，外置現象を扱うには，これを左方移動を含むものとして捉え直すしかない．そこで Kayne は，外置は名詞句内の関係節などが右側に移動したのではなく，名詞句の主要部が左側に上昇した結果残されたと考える．

こうした分析を可能にするために，Kayne は名詞句の構造および関係節に関して，従来の分析とは大きく異なる提案をしているが，詳細を省いて，外置操作と関わる部分だけを見ていこう．(Kayne の枠組みでの関係節の扱いについては，田子内 (1995) 参照．) たとえば，次の (60a) は，右方向への移動・付加を許さない Kayne の枠組みでは，(60b) のように派

生される．いわば，関係節が置き去りにされる形になるのである．

(60) a. [＿] just happened [something that you should know about]
b. [something] happened [*t* that you should know about]

外置要素が移動したと見るのではなく，主要部が左方向に移動した結果，置き去りにされたものと考えると，something の移動は，次の例などで見られる通常の主語繰り上げ操作と同様，単なる A 移動であり，この移動そのものは格素性の照合という形態論的な要請に従うものである．

(61) a. [＿] T seems [John to be honest]
b. [John] T seems [*t* to be honest]

このため，右方移動分析では問題となる移動の動機の問題は生じず，また，「外置要素」は移動しないのであるから，上方制限も問題にならない．

　Kayne のこの分析は，理論的には，多くのメリットがあるものの，名詞句に関して複雑な分析が必要であることに加えて，いろいろ問題も多い．たとえば，Rochemont and Culicover (1997) が指摘するように，この分析で仮定される派生構造は，c 統御や動詞句削除などの構成素テストの結果と矛盾する．（ただし，Phillips (2003) や Pesetsky (1995) の分析を採用すれば解決できる可能性もある．）

(62) I sent her_i [many gifts ＿] last year [that Mary_i didn't like]. (= (34a))

(62)では，外置要素は最も右にあるので，構造上最も下にあることになり，her が外置要素を c 統御していて，束縛原理 (C) で排除されるはずだが，実際には容認可能である．動詞句削除に関して言えば，外置要素はずっと VP 内に留まっているはずなので，次のような例を派生することはできないであろう．

(63) A man was arrested who knew Sam, and [a woman ＿] was [_VP

~~arrested~~ [who only knew his brother]].

(Taraldsen 1981, 483)

また，すでに見たように，CP 指定部からの外置では，本来従属節内にあったと思われる要素の一部が主節に属するはずの副詞句より右に現れることがあるが，Kayne の分析ではまったく説明できないであろうし，主語位置から CP 指定部へ移動した名詞句からの外置も派生できない．（残留するとしても，元の主語位置に残ることになり，事実に反する．）その他にも，他動詞・非能格動詞の主語，前置詞句の目的語からの外置や同格節の外置はどうなるかなど，不明な部分が多い．

2.2.4 今後の展望

以上の基底生成分析と移動分析の問題点をふまえたうえで，外置をどう扱うべきか，その方向性を考えてみたい．

本文中で何度か言及した名詞の補部・付加部の区別に関して，Fox and Nissenbaum (1999) が次のような興味深い事実を指摘している．

(64) a. I gave him$_i$ a picture yesterday from John's collection.
(cf. ??/*I gave him$_i$ a picture from John's collection yesterday.)
b. ??/*I gave him$_i$ a picture yesterday of John's$_i$ mother.

Fox and Nissenbaum は，補部の外置と付加部の外置は別個のプロセスで派生されると考える．非常に大ざっぱな述べ方をすれば，付加部の外置は移動ではなく，外置要素は，派生の後の段階で，非顕在的数量詞繰り上げ (covert quantifier raising) を受けて VP に付加された名詞句に併合され，一方，補部の外置の場合は移動によって派生される，というのが彼らの提案である．

Fox and Nissenbaum は，コピー理論 (Copy theory) と非顕在的数量詞繰り上げを用いてこの対比を説明しているが，こうした道具立ては別として，基本的な方向として，補部の外置は移動，付加部は外置位置に自由生成とする分析が有望ではないかと思われる．したがって，外置の分析とし

ては，基本的には中島 (1995) の提案に従い，移動の場合とそれ以外の派生を分けて，自由生成される「外置要素」に対しては認可規則などで対処する方向で進めていくのがよいのではなかろうか．（ただし中島は，補部・付加部で区別しているわけではないが．）関係節は多くの場合，Lebeaux (1991) が提案するように，後の段階での併合と考えてよいだろうが，次のような対比に注目すると，一部の関係節は後からの併合ではなく，付加部であっても最初から名詞句内に生成される必要があると思われる．

(65) a. Mary praised the headway that John made.
b. *Mary praised [the headway __] last year [that John made].
（Hulsey and Sauerland 2002）

2.3 重名詞句転移

英語の右方向への要素の移動の1つに，何らかの意味で「重い」名詞句を文末に置く規則——重名詞句転移 (Heavy NP Shift: HNPS) ——が存在する．この規則により，たとえば，次の (66) の (a) は (b) になる．

(66) a. John bought [a painting that he liked] for his mother.
b. John bought __ for his mother [a painting that he liked].

次の例では，上の (b) の例と違って，文末に回される名詞句が「重い」要素ではないので，容認不可能となる．

(67) a. *John bought __ for Mary a pen.
b. *John gave __ to Mary a pen.

では，この操作の可否を左右する「重い」という概念を，どう規定すればよいのであろうか．これに関しては，従来からさまざまな考えが提案されている．たとえば，Ross (1967) は，文を支配する名詞句——複合名詞句 (complex NP) ——のみがこの操作を受けると述べているが，実際には次の (68) で示されるように，文を含まなくても，長い単語や数量詞を含む名詞句にも適用可能である．

(68) a. I gave to Harry {all the sheep / the whole sheep / the entire sheep / *the big sheep}.　　　　(Postal 1974, 83, n. 1)
　　　b. I found in the dictionary the word flaucinaucinibilipilification.　　　　　　　　　　　　　　　（奥野 1989, 329）

さらには，適切な文脈が与えられるか，強い強勢を伴うならば，(69)のように，統語上はきわめて「軽い」名詞句でも容認可能となる．したがって，この概念を統語的に規定するには無理があるように思われる（⇒ 第3章）．

(69) a. Jenkins walked back into the office and glanced out of the window. Turning around, he saw on the desk a gun.
　　　　　　　　　　　　　　(Huddleston and Pullum 2002, 1383)
　　　b. Hitler persuaded to join with him, MOSSOLINI.
　　　　　　　　　　　　　　　　　　　　(Rochemont 1978)

本節では，まず HNPS を受けた文の構造を考察し，次に HNPS の特徴を概観したうえで，これまで提案されてきた分析を検討する．

2.3.1　HNPS の派生構造

ここでは，HNPS がもたらす派生構造について見ていく．次の (70) は，HNPS を含んだ文に動詞句削除が適用された例である．

(70) Sally noticed ＿ in the foyer [a famous portrait by Rembrandt], and Bill did
　　　{ ~~notice in the foyer [a famous portrait by Rembrandt]~~
　　　　*~~notice in the foyer~~ [a famous portrait by Rembrandt] } too.
　　　　　　　　　　　　　　(R & C 1990, 118, 120)

転移された重名詞句は動詞句とともに削除されなければならないことから，元の動詞句内に留まっていることがわかる．次に，動詞句前置を適用してみると，

(71) John was told to buy ＿ for Mary [every book he could find],

and [buy for Mary [every book he could find]] he did __.

(*ibid*., 119)

重名詞句も動詞句といっしょに前置されており，やはり動詞句内にあると考えられる．ただし，動詞句削除と異なり，動詞句前置ではかならずしも最大の動詞句が前置される必要はないので，次の (72) は容認可能である．(動詞句削除と動詞句前置の違いについては，Culicover (2001) を参照．)

(72) ?Everyone said that John would give to Mary all of the money that he won at the track, and [give to Mary __] he did __ [all of the money that he won at the TRACK]. (R & C 1990, 120)

擬似分裂文を用いても，結果は同様である．

(73) What John did was [$_{VP}$ buy __ for Mary every book he could find].

以上の事実から明らかなように，HNPS で移動された名詞句は，それを支配する最小の動詞句を越えて移動することはできず，その動詞句内に留まっていると考えられる．したがって，HNPS 後の派生構造は次のようになる．

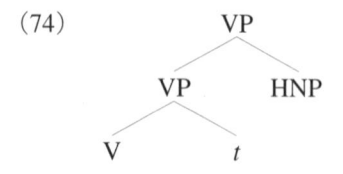

(74)
```
        VP
       /  \
     VP    HNP
    /  \
   V    t
```

2.3.2 HNPS の統語的特徴

本節では，HNPS を分析するにあたって考慮すべき特徴を見ていく．最初に，wh 移動などの左方移動と異なる特徴を概観する．これらは，主として HNPS の局所性に関するものであるが，こうした違いが，HNPS に移動が関与することを認めない分析の根拠となっている．

まず第一に，HNPS は右方移動の一種であるから，外置と同様に上方制

限に従うが，すでに前節で見たとおり，左方移動ではこのような制限はない．

(75) *It was believed [that ought __ for her mother] by everyone [an ornate Fourteenth Century gold ring].
(Rochemont 1992, 386)

2つ目の違いとして，HNPS では，左方移動とも外置とも異なり，前置詞句の目的語位置からの移動が許されない．

(76) a. Which paper did you find an interesting article [$_{PP}$ in t]?
b. I gave it [to a child __] on Tuesday [with big, sad eyes].
(Johnson 1985, 146)
c. *I put it [$_{PP}$ on __] yesterday [every table in the living room].
(*ibid.*, 86)

さらに HNPS は，次の例が示すように，定形節の主語には適用されないが，これも左方移動には見られない特徴である．

(77) a. Who do you think [t is the right person for this job]?
b. *[__] walked into the room [a man with long blond hair].
c. There walked into the room [a man with long blond hair].
(R & C 1990, 123)

しかしながら R & C では，HNPS と (77c) のような提示的 there 構文との類似性に着目して，両者は同一の構文であると主張している（⇒ 2.4.1）．

一方で，HNPS には，wh 移動などの Ā 移動と似た特徴もいくつか観察される．これらの類似点には，移動の元位置，もしくはそこに残された痕跡に関わるものと，移動先に関わるものとがある．

まず元位置に関して見ると，二重目的語構文において，HNPS は，A 移動ではなく，Ā 移動と同じパターンを示すという事実がある．二重目的語構文では，直接目的語を wh 移動することはできるが，受動化はできない．

一方，間接目的語のほうは逆に受動化は可能だが，wh 移動はできない．

(78) a. John was given *t* a book.
 b. *A book was given John *t*.　　(Rochemont 1992, 383)
(79) a. Who did you say you gave a book to *t*?
 b. *Who did you say you gave *t* a book?
 c. What did you say you gave John *t*?　　　　(*ibid*.)

そして次の例が示すとおり，HNPS で移動できるのは直接目的語だけであり，この点で wh 移動と同じ振る舞いを示す．

(80) a. *Bill gave ＿ the book yesterday [anyone who wanted it].
 b. ?Bill gave John ＿ yesterday [the book that he was looking for].　　　　　　　　　　　　(Rochemont 1992, 383)

また，wh 痕跡を仮定する根拠の１つとしてよく引き合いに出される現象に，wanna 縮約（contraction）があるが，HNPS の痕跡でも同様の現象が見られる．下の (81) の例が示すとおり，want to は口語表現では縮約を受けて wanna と発音されることがあるが，want と to が表面上隣り合っていればいつでも縮約ができるわけではない．

(81) a. I want to visit Mary.
 b. I wanna visit Mary.
(82) a. Who$_i$ do you want t_i to come early?
 b. *Who do you wanna come early?

(82) では，want と to の間に who の痕跡が介在しており，この痕跡の存在が縮約を阻止していると考えれば，(81) と (82) の文法性の差が説明できる．この点から次の対比を見ると，

(83) a. I want everybody who is in the front row to come early.
 b. ?I want *t* to come early [everybody who is in the front row].
 c. *I wanna come early [everybody who is in the front row].
　　　　　　　　　　　　　　　(Rochemont 1992, 383)

（83c）も上の wh 移動の場合と同様に，wanna 縮約は適用できないことから，HNPS は，wh 痕跡と同じような性質を持つ痕跡を残す移動であると考えられる．

次に，移動先に関しての類似点を見ていこう．まず最初に，HNPS で移動された名詞句が，Ā 移動の着地点と同じく，Ā 位置にあることを示唆する証拠として，こうした名詞句が移動にとっての島（island）になることがあげられる．一般に，主語や付加部内からの wh 移動は許されないが，HNPS で移動された名詞句の内部からも要素の取り出しはできない（CED 効果）．（ただし，Kayne (1994) などの判断は異なる．）

(84) a. Who did John notice [a picture of t] on the wall?
b. *Who did John notice __ on the wall [a picture of t]?
(Rochemont 1992, 383)
(85) a. It was Bill that John sold Mary [a picture of t].
b. *It was Bill that John sold to __ Mary [a picture of t].
(*ibid.*)

この事実は，HNPS を受けた名詞句は補部以外の位置，すなわち Ā 位置にあることを示すものと解釈できる．

第二に，HNPS と Ā 移動の類似性を示す事実として，HNPS が残す痕跡も wh 移動の場合と同様に，「寄生空所」（parasitic gap: PG）を認可することがあげられる．これは，HNPS の痕跡が，wh 痕跡と同様に，Ā 位置にある要素によって束縛される変項であることを示している．PG は通常，wh 移動が許されない島の中に生じ，(87) が示すように，NP 移動によって残される痕跡には寄生できない．

(86) Which letter did John read t carefully before putting [PG] in the drawer?
(87) *The letter was read t carefully before putting [PG] in the drawer.

一方，HNPS では次の例が示すとおり，この種の寄生空所が認可される．

(88) John read __ carefully before putting [PG] in the drawer [the

letter that his uncle sent to the lawyers]. (*ibid.*)

したがって，HNPS は wh 移動と同じように Ā 位置への移動だと考えられる．

しかしながら，この議論に対して，Williams (1990, 1994) や Postal (2001) などは次のような例をあげて，一見寄生空所が起こっているように見える (88) のような例は右節点繰り上げ (RNR) 操作によるもので，HNPS で残された痕跡によって寄生空所が認可されているのではない，という議論をしている．

(89) a. *I talked to __ yesterday [all the members who voted against Hinkly]. (HNPS)
b. I talked to __ without actually meeting [all the members voted against Hinkly]. (Williams 1990, 267)
c. I argued for and Frank argued against — [the idea Shirley suggested]. (RNR) (Postal 2001, 291)

(89a) が示すとおり，HNPS は前置詞の目的語には適用できないが，(89c) のように RNR では可能である．したがって，(89b) の to の後の空所は寄生空所ではなく，RNR によるものと考えざるをえない．（ただし，R & C (1990, 191, n. 34) は，容認可能な前置詞句目的語の HNPS の例をあげている．）

しかしながら Nishihara (1997) は，(90) のような対比を根拠に，HNPS による寄生空所が RNR によるものではないと論じている．

(90) a. *Who did Pat sell, by not recognizing [PG], [pictures of *t*]?
b. Who does Mary buy, and Bill sell, [pictures of *t*]?
(Nishihara 1997, 257)

Nishihara によれば，RNR で文末に移された名詞句からは wh 移動が可能であるが，すでに見たとおり，HNPS によって移動した名詞句からは要素を取り出せない (CED 効果；次例参照)．これは，HNPS で転移された名詞句は Ā 位置にあるのに対し，RNR を受けた名詞句は，A 位置にあ

ることを意味する．

(91) *Who_j did you show [__]_i to Bill yesterday [a picture of t_j]_i?

このように相反する証拠の存在によって，(88) が RNR によるものか HNPS によるものかは容易には結論を下せないが，少なくとも，移動された重名詞句は $\bar{\text{A}}$ 位置にあるということは言えるだろう．

最後に，HNPS と移動の類似性を示すさらなる証拠として，例外的格付与 (Exceptional Case Marking: ECM) 構文に関わる事実を 2 つ見ておこう．まずは，普通の ECM 節の主語に HNPS が適用された場合である．(ただし，ECM 節主語の HNPS の可否には個人差があるようで，たとえば，Ross (1967) はこの種の文を非文と判断している．)

(92) a. I consider __ to be a nice guy [anyone who'd play with my unfortunate cousin].
b. I thought __ to have left [everyone who'd been involved in that affair].
c. I believe __ to like Mary [my favorite daughter from Phoenix]. (Johnson 1985, 87)

特に (92c) は，他動詞の主語が移動されているという点で重要である．非対格動詞であれば，主語はもともとは目的語位置に現れるので，その位置に残留した結果，HNPS の効果が生じるという可能性も考えられるかもしれないが，他動詞では，主語は最初から IP (あるいは VP 内主語仮説をとれば VP) 指定部に生じるので，こうした説明はできない (下の図を参照)．

(93) a. 非対格動詞

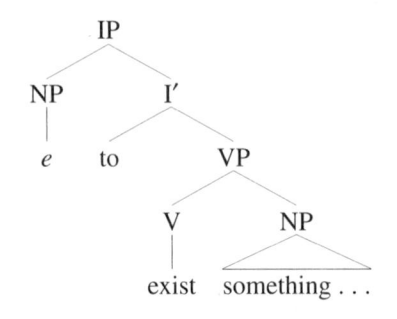

```
         IP
        /  \
      NP    I'
      |    /  \
      e   to   VP
              /  \
             V    NP
             |    △
           exist  something ...
```

b. (92c) の補文

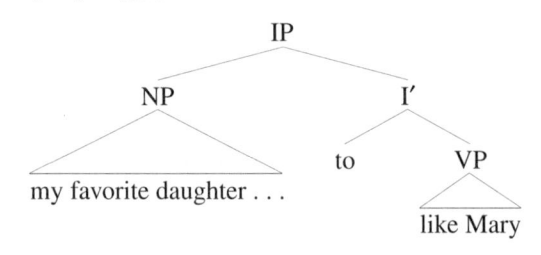

```
              IP
            /    \
          NP      I'
          △     /  \
  my favorite  to   VP
  daughter ...      △
                 like Mary
```

次に，Postal (1974) が指摘するように，ある種の動詞——allege, acknowledge, admit, assume, demonstrate など——は，通常，ECM 補文の主語として語彙的な名詞句がくることを許さないにもかかわらず，補文主語が何らかの操作で移動された場合には容認可能となるものがある．たとえば，(94) の対比が示すように，音形を持った補文主語は生じることができないが，左方移動によって表面上それがなくなれば，文法的な文が得られる．

(94) a. *He alleged [Melvin to be a pimp].
    b. Melvin$_i$ was alleged [t_i to be a pimp].
    c. Melvin$_i$, he alleged [t_i to be a pimp].
    d. the Parisian who$_i$ they alleged [t_i to be a pimp]
    e. Who$_i$ did he allege [t_i to be a pimp]?

(Postal 1974, 304–305)

ここで注意すべき点は，次の例からわかるとおり，こうした動詞は to 不定詞節に，移動によらない音声的に空の主語（PRO）が生じることを許さないことである．つまり，不定詞節の主語が移動の結果としてその位置から離れた場合にのみ，容認可能になるのである．

(95) *Melvin alleged [PRO to be a pimp].
(Postal 1974, 304–305)

一方，左方移動と同様に，HNPS によって主語が移動されれば容認可能な文になる．

(96) They alleged ＿ to be pimps — [all the Parisians who the CIA had hired in Nice]. (Postal 1974, 304–305)

上で見てきた HNPS と移動(特に Ā 移動)との類似性とも合わせて，この事実は，HNPS も左方移動と同じく移動の一種であるという可能性を強く示唆するものと言ってよいだろう．（ただし，受動化の場合も可能であることから，この事実からだけでは，Ā 移動であるとは言えない.）

2.3.3　HNPS の分析

HNPS をどのように分析するかに関して，大きく分ければ，外置の場合と同様に，基底生成分析と移動分析が考えられる．移動分析をとる場合も，右方移動として分析する立場と左方移動として分析する立場があるのも，外置の場合と同じである．

基底生成分析

基底生成分析の例としては，平田（1995）がある．平田は，上で見た HNPS の特徴を移動分析で捉えるには，左方移動に対するのとはまったく異なる特別な規定を設ける必要があることを指摘し，HNPS を VP 付加部の位置に基底生成する分析を提案している．そして，θ 役割付与の構造条件を，従来の，主要部との姉妹関係から，相互 m 統御（mutual m-command）に拡大することで，この位置で目的語が θ 役割を受け取れるよう

にする．

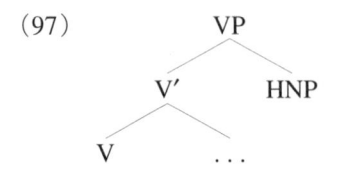

(97)
```
        VP
       /  \
      V'   HNP
     /  \
    V   ...
```

　重名詞句がこの位置に基底生成されると考えることで，HNPS が示す局所性——上方制限があること（VP 内に留まることも含めて），前置詞句目的語への適用が許されないこと——が自動的に説明され，また，定形節の主語が HNPS を受けないのも当然の結果になる．

　しかしながら，(92c) や (96)((98), (99) として再録)のように，ECM 節の主語が HNPS を受けた例では，重名詞句を目的語として生成することはとうてい不可能であり，基底生成分析では HNPS の全貌を捉えるのは難しいと思われる．

(98)　I believe ＿ to like Mary [my favorite daughter from Phoenix]．(= (92c))

(99)　They alleged ＿ to be pimps —— [all the Parisians who the CIA had hired in Nice]．(= (96))

　また，HNPS を受けた名詞句が移動の島になるという事実は，従来の分析ならば構造的に説明できるが，平田の分析では，θ 役割付与条件の緩和のため，転移された重名詞句のみならず，付加詞（および，VP 内主語仮説を採用すれば，主語）も，A 位置となり，移動にとっての島にならなくなる可能性がある．

軽述部繰り上げ分析

　ミニマリスト・プログラムにおいては，移動には形態的動機づけが必要であり，形態上の要請を満たすためにすべて義務的なものと考えられる．この観点から HNPS を見ると，何ら形態上の変化を起こさず，基本的に適用が随意的である HNPS は，移動とはみなせない存在である．したがっ

て，この枠組みで HNPS を扱うとすれば，上で見た HNPS の特徴をふまえつつ，その随意性を説明できなければならない．そのため，もし HNPS が移動を含むとしても，その移動は他の移動と同様に，形態的要請に従う左方向への移動であることが求められる．

HNPS を左方移動を含む操作として捉え直す試みとしては，Larson (1988, 1989) と Kayne (1994) があげられる．まず Larson の分析を簡単に紹介する．

Larson (1988) は，Barss and Lasnik (1986) が指摘した二重目的語構文における直接目的語 (DO) と間接目的語 (IO) の関係を正しく捉えるには，従来の VP 構造とはまったく異なる構造を仮定する必要があるとして，空の動詞を含む VP シェル分析を提案している．たとえば，次の (100) の対比は，(101) のような基底構造を仮定することで，IO が DO を c 統御していることになり，(100a) では，himself を c 統御する先行詞が存在せず，(100b) では c 統御する先行詞があるので，束縛原理 (A) が満たされる．

(100)　a.　*I showed himself to Max.
　　　　b.　I showed Max to himself.

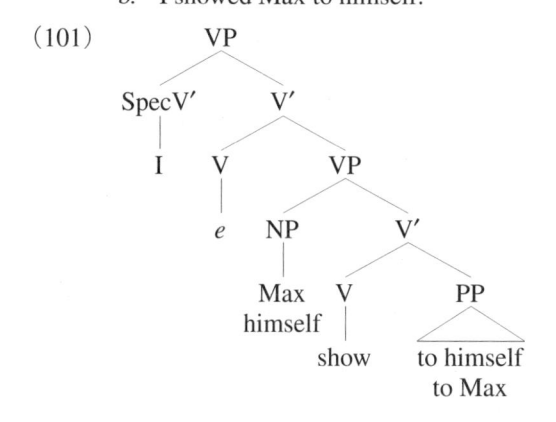

(101)

```
              VP
         ／       ＼
     SpecV'        V'
       │        ／    ＼
       I       V       VP
              │     ／   ＼
              e   NP       V'
                  │     ／    ＼
                 Max   V        PP
                himself │      △
                       show  to himself
                             to Max
```

ここでは，HNPS と関わる部分だけを見ることにするが，たとえば，次の (102a) の VP の基底構造は (102b) で，send が空の V の位置に上昇する

ことで (102a) の語順が得られる．この V の移動は，目的語への格付与および時制要素との素性照合のために起こる．

(102) a. Mary sent the longest letter anyone had ever seen to me.

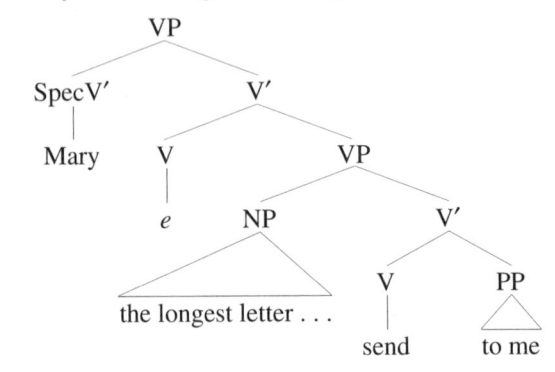

b.
```
              VP
          ／      ＼
       SpecV'       V'
         |       ／    ＼
        Mary    V       VP
                |    ／    ＼
                e   NP      V'
                   ／ ＼   ／ ＼
              the longest  V   PP
              letter...    |   ／＼
                          send to me
```

c. Mary sent to me the longest letter anyone had ever seen.
(Larson 1988, 347)

従来の分析では，HNPS の結果である (102c) は，V として再分析された [v' send to me] が空の V の位置に上昇することで派生される．V の繰り上げは義務的であるが，V' 再分析は次のような条件のもとで，随意的に適用されるとしている．（HNPS の随意性はここから導き出される．）

(103) V' 再分析：もしも α が V' であり，かつ α が主題的に 1 項他動詞 (thematically monotransitive) であれば，α は V として再分析されてもよい．　　　　　　　　　(Larson 1989)
（ここで，「主題的に 1 項他動詞である」というのは，主語以外にもう 1 つ項をとるということである．）

Larson の分析の最大のメリットは，基底生成分析の場合と同様に，HNPS が上方制限に従うことが自動的に導かれることである．この分析では，重名詞句は常に VP 内に生成されるからである．また，次の (104a) に見られるように，前置詞句の目的語に HNPS が適用されないことも，talk と to (about Jonnie's problems) が単一の構成素を成すような派生は

ありえず，V として再分析できないということから説明できる．

(104) a. *We talked to about Jonnie's problems all the teachers.
b.
```
              VP
           /      \
         NP        V'
         |      /      \
         we    V        VP
               |      /      \
               e     PP       V'
                    /\       /  \
                   /  \     V    PP
                  to all   talk  /\
                  the           /  \
                  teachers    about J's problems
```

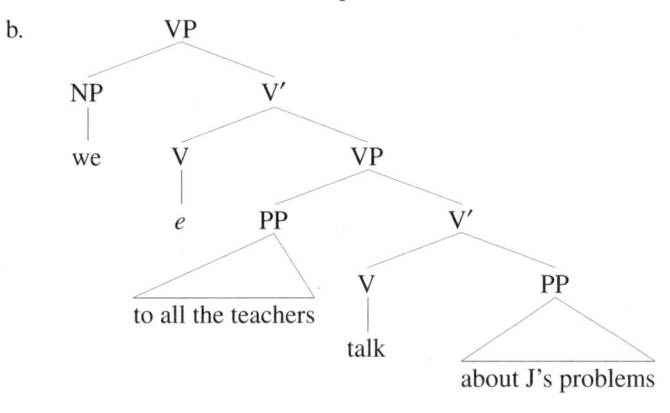

また，HNPS が定形節の主語には適用されないという事実も，この分析では重名詞句自体の移動がないのであるから，何の規定も必要ない．

このように，Larson の分析も，基底生成分析と同様に，HNPS の局所性についてはうまく説明できるが，基底生成分析が抱えるのと同じ欠点を指摘できる．この分析でも，(92) や (96) は説明がつかないのである．(Kuno and Takami (1993) も参照．) たとえば (92c) (= (105)) は，Larson の分析でも，(106) のような構造を持つと考えられる．Larson の分析で (92c) を導くためには，to like Mary (あるいは believe to like Mary) を繰り上げる必要があるが，ここで，(Larson の分析でもその必要はないが) たとえ補文の VP の上に空の V を仮定して like Mary がそこに上昇したとしても，to を含めた形で V′ 再分析の条件を満たすことは不可能である．

(105) I believe __ to like Mary [my favorite daughter from Phoenix]. (= (92c))

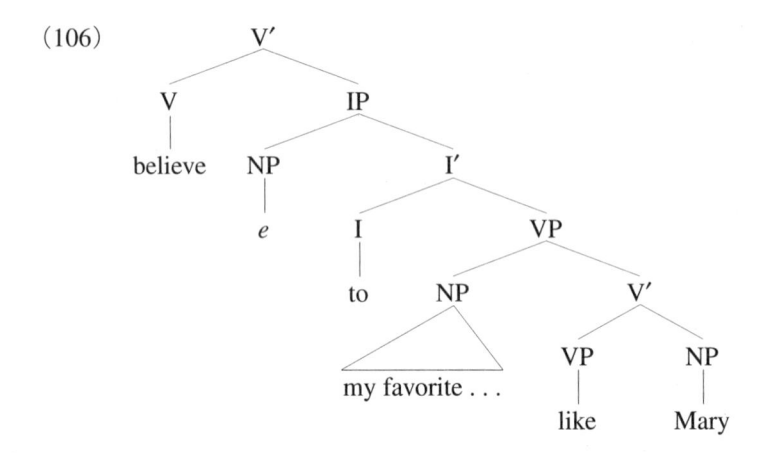

(106)
```
            V'
           /  \
          V    IP
          |   /  \
      believe NP   I'
              |   /  \
              e  I    VP
                 |   /  \
                 to NP   V'
                    |   /  \
              my favorite... VP  NP
                             |   |
                            like Mary
```

これ以外にも，V' 再分析にはいくつかの重大な問題がある．たとえば，下の (107a) のような例は，Larson の分析では send the letter yesterday to が構成素を成していないとして説明できるが，文法的な (107b) の場合，まず [$_{V'}$ send yesterday] が V' 再分析を受けて，[$_V$ e_2] に上昇し，そこで send が yesterday を置き去りにして [$_V$ e_1] に入ると考えざるをえない．

(107) a. *Mary sent the letter [$_{PP}$ to __] yesterday [a man who we don't know at all].
　　　b. Mary sent the letter __ yesterday [to a man who we don't know at all].

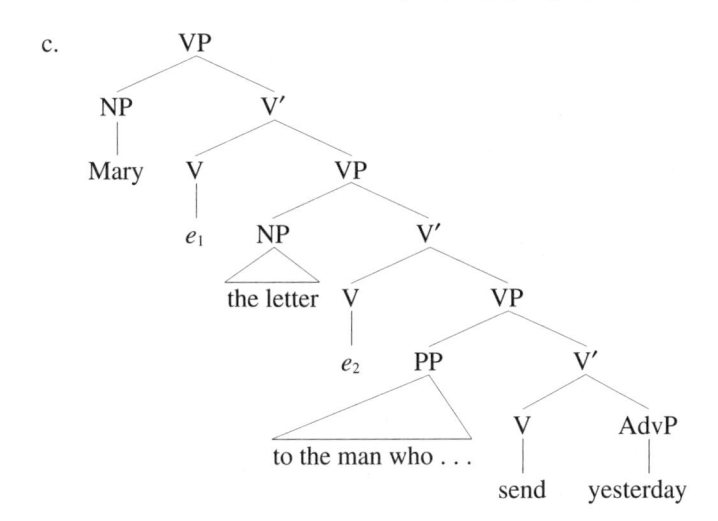

```
c.           VP
         /      \
        NP       V'
        |      /    \
       Mary   V      VP
              |    /    \
              e₁  NP     V'
                  |    /    \
              the letter V   VP
                      |    /    \
                      e₂  PP     V'
                          |    /    \
                   to the man who...  V   AdvP
                                      |    |
                                    send yesterday
```

しかしながら，一度 V として再分析したところから send だけを移動させることには，大きな疑問が残る．Larson 自身，再分析された V は統語的には分割不可能な要素（syntactic atom）であって，そこからの取り出しができないとして，次の例の非文法性を説明しているのである．

(108) *Who did John [ᵥ give to] the picture that was hanging on the wall? (Larson 1989)

さらに，次の例を考えてみよう．

(109) I didn't remember [for which of his sisters]ᵢ Bill bought tᵢ in Europe [a fourteenth-century gold ring].
(R & C 1990, 132)

先ほどの例と同様，この語順を説明するためには，まず [ᵥ, buy in Europe] が V' 再分析されて上昇し，さらに [ᵥ, [ᵥ buy in Europe] [for which of his sisters]] が V' 再分析の結果 V となって上の [ᵥ e] へ繰り上げられると考えなければならないが，そうすると，この場合も分割できない要素であるはずの V の中から wh 移動が行われることになるし，V' 再分析が何度も生じること自体も問題であろう．

Kayne (1994) の分析は Larson の分析に近いが，外置のところでふれたように，Kayne は線状一致の公理 (LCA) を仮定しているので，Larson のように，「動詞＋補部(または付加部)」がその構造を保ったまま空の V に移動するという分析は認められない．したがって，Kayne の枠組みでは，V の繰り上げとは独立した移動として，VP 内要素の「かき混ぜ規則」(scrambling) を仮定する．たとえば，次の (110a) の文は，(110b) で示されているように，もともとは文末にあった [to Bill] が，かき混ぜ規則によって，gave に後続する何らかの機能範疇 X^0 の指定部へと移動することで派生される．このかき混ぜ規則が，ドイツ語に見られるかき混ぜ規則と同じ性質を持つものならば，これは随意的な操作だと考えられる．

(110) a. John gave to Bill all his old linguistic books.
b. John gave [$_{XP}$ [to Bill]$_i$ [X^0 [$_{YP}$ [all ... books] [Y^0 [e]$_i$] ...
(Kayne 1994, 72)

Kayne の分析については不明な点が多いが，V′ 再分析に関わる部分を除けば，基本的に Larson の分析を踏襲しているので，Larson 分析のメリットとデメリットがほぼそのまま当てはまるだろう．具体的には，両分析とも，重名詞句を基底生成するという点は共通なので，(84b) (=(111)) のように，転移された重名詞句が wh 移動などにとっての島になるという事実は，こうした分析では説明できない．(ただし Kayne は，彼自身の判断では容認可能な例をあげている．)

(111) *Who did John notice ___ on the wall [a picture of t]? (=(84b))

右方移動分析

最後に，右方移動分析における HNPS の局所性の扱いを簡単に見ておこう．

右方移動に対する条件としては，外置のところでふれた Ross (1967) の右屋根の制約や Baltin の一般化下接条件がある．要点だけ述べると，右屋根の制約は，右方向に移動される要素は，それを含む最小の IP を越えてはならないことを求めるものであるが，すでに何度も述べたように，

HNPS はもっと局所的な移動であり，重名詞句は，それを支配する最小の VP を越えて移動することもできないし（(112a)），前置詞句からも外に出られない（(112b)）．

(112)　a.　*Eleanor [_VP_ bought ＿] apparently [brand new drapes for the whole house]. 　　(Johnson 1985, 85)
　　　　b.　*I mailed a letter [to ＿] on my way to work [an old friend from high school]. 　　(R & C 1990, 135)

また，Baltin（1981, 1983）の一般化下接条件は，右方移動では，すべての最大投射が移動の障壁になると規定するものだが，(112) では，1 つの最大投射（PP）しか越えておらず，こうした事実を扱うには，同じく右方移動と彼が考える外置操作と区別するために，さらに細かい規定が必要となる．さらに，外置を基底生成する立場をとる R & C（1990）や Rochemont（1992）も，HNPS は外置とは違い，移動によるものであるとして，右方移動は被移動要素を支配する最小の最大投射を越えてはならない旨の条件を提案している．

　これらの提案はすべて移動の方向性を盛り込むものであり，理論的には望ましいこととは言えない．左方向への Ā 移動との類似性を考慮に入れつつ，こうした問題を解決する試みの 1 つとしては，すでに紹介した，束縛理論を用いて右方移動現象の局所性を説明しようとする Nakajima（1989）の提案がある．

　HNPS が随意的な操作であるという点に関して言えば，Saito and Fukui（1998）の主張が注目される．彼らは，主要部の位置をパラメータとして捉え，主要部が左にある言語では，左方向への移動はコストがかかり，何らかの形態論的要請がないと移動できないが，右方向への移動はコストがかからず，随意的に適用できると考えている．これは，日本語のような主要部末端（head-final）言語における左方向への随意的なかき混ぜ規則の存在を考えてみれば，納得のいく考え方と言えるのではないだろうか．また，別の可能性として，第 1 章の1. 1. 1 節で導入した統語素性「焦点」（＋F）が独自の投射を形成すると仮定し，HNPS や外置を，この機能範疇

(この範疇の選択は随意的)との素性照合のための操作とみなすことも考えられるが，この場合，どうして HNPS や外置に限って移動が右方向なのか(別の言い方をすれば，通常左にある指定部がどうしてこの範疇の場合だけ右に現れるのか)を，何らかの一般原理から導き出す必要がある．

2.4 主語後置

英語の文では，主語が文頭(動詞の前)に現れるのが原則であるが，ある種の構文においてはこの原則が破られ，主語が文末(動詞の後方)に「後置」される．本節ではこのような主語後置(主語の右方移動)を含む構文について，若干の考察を加える．

2.4.1 提示的 there 構文

虚辞の there を先頭に持つ文には，以下のように主語名詞句が文末に生じた形のものがある．

(113) a. There came to his mind her beautiful and intelligent face.
(Quirk et al. 1985, 1409)
b. There sat on the lawn a huge bulldog.
(Guéron 1980, 670)
c. There stood before him a small cottage with shutters.
(Rochemont 1986, 120)
d. There walked into the room a fierce-looking tomcat.
(Milsark 1979, 155)
e. There stepped out in front of his car a small child.
(Aissen 1975, 1)

このように主語が「後置」され there–V–PP–NP という形式を持つ文は，there–be–NP–PP のような形式を持つ通常の there 構文(いわゆる存在文)と区別され，提示的 there 構文 (presentational *there* construction) と呼ばれる．

提示的 there 構文には，存在文とは異なるさまざまな特徴が見られる．いくつか列挙すると次のようになる．

(i) 提示的 there 構文では，主語名詞句が文末に現れるのが普通であり，動詞の直後の位置に現れた場合は，次例に見るように容認されにくい．

(114) a. There stood beside the table a lamp.
b. *There stood a lamp beside the table.
(Milsark 1979, 250)

(115) a. Suddenly there ran out of the bushes a grizzly bear.
b. ??There ran a grizzly bear out of the bushes.
(Aissen 1975, 1–2)

(ii) 主語は不定名詞句であることが多いが，定名詞句も可能である（ただし「重い」ものが好まれやすい）．

(116) a. Suddenly there flew through the window that shoe on the table. (Milsark 1979, 248)
b. There walked into the room, the one man she had no desire to see.
(cf. *There was the one man she had no desire to see in the room.) (R & C 1990, 29)
c. There still stands on his desk the bowling trophy he won last year. (Aissen 1975, 2)
d. There hung on the wall {?*the picture / the picture of Marx that Lenin had commissioned from Cezanne}.
(Green 1985, 128)

(iii) 存在文に用いられる動詞が，be 動詞（および存在や出現を意味する少数の自動詞）に限られるのに対し，提示的 there 構文には存在・出現の動詞以外にも，移動・運動の動詞や位置・姿勢の動詞など，多様な自動詞が生起する（cf. Milsark 1979, 249; Levin and Rappaport Hovav 1995, 149; etc.）．他動詞であっても，次のように可能な場合がある．

(117) a. There will take place tomorrow evening the event of the century. (R & C 1990, 115)

b. There seized him a fear that perhaps after all it was all true.
(Huddleston and Pullum 2002, 1402)
c. There crossed her mind a most horrible thought.
(Kayne 1979, 715)

(iv) 平叙・肯定形でのみ用いられ，疑問形や否定形は普通認められない．

(118) a. *Did there run down the street a crowd of people?
(Newmeyer 1987, 296)
b. *There never stepped out in front of my car a pedestrian.
(Aissen 1975, 9)

(v) 一般に従属節内には生じにくい．

(119) a. *I regret that there ran down the street two joggers.
(Newmeyer 1987, 296)
b. ?*That there waves from their mast an Italian flag is odd.
(Aissen 1975, 6)

このようなさまざまな特徴を持つことから，提示的 there 構文は存在文とは異なる独自の地位を持った構文であると考えられる．(これら特徴の多くは，提示的 there 構文にそなわる意味・談話機能の観点から理解することができると思われる (⇒ 3.1.3; 3.2)．)

提示的 there 構文は (iv) や (v) の特徴に加え，一般に形式的ないしは文語的な文体に限って見られるという点で使用範囲が狭く，生起頻度の低い有標の構文であると言うことができる (Milsark (1979, 251) も参照)．そしてこのような有標性は，統語的な観点から見た場合，より基本的な文から派生的に生じるものとして分析することによって捉えることができる．実際，there–V–PP–NP という形式を持つ提示的 there 構文が，there を含まず主語名詞句を文頭に置いた NP–V–PP という形式を持つ文と対応することは明らかであるので，前者を後者に基づいて統語的に派生するという分析が広く行われている．具体的には，主語名詞句が基本の文頭位

置から右方への移動規則の適用を受けて文末に動かされている，とする見方が一般的である（Kayne 1979; Guéron 1980, sec. 5.1; Newmeyer 1987; R & C 1990, ch. 4; Rochemont 1992; etc.）．この種の分析によると，there は，主語が右方へ移動された後に空いた位置へ挿入されるものと仮定される（ゆえに「提示的 there 挿入文」と呼ばれることもある）．派生の概略は次のようになる．

(120)　NP V PP ⇒ [　] V PP NP ⇒ [there] V PP NP

ここに含まれる右方移動は，焦点化の働きと密接に関連した（NP [+Focus] だけに適用する）特殊な（有標の）規則として定式化することが可能であるが，通常は一般的な統語的移動規則（Move α）の適用によるとみなされることが多い．

　後置された主語が構造上どのような位置を占めるかということについてはさまざまな可能性があり，不明確な点も多いが，Newmeyer (1987) や R & C (1990) などは後置主語が文（屈折辞 I の投射）の右側に付加されるものと考えている．Newmeyer (1987, 297) は次のような構造を与えている．

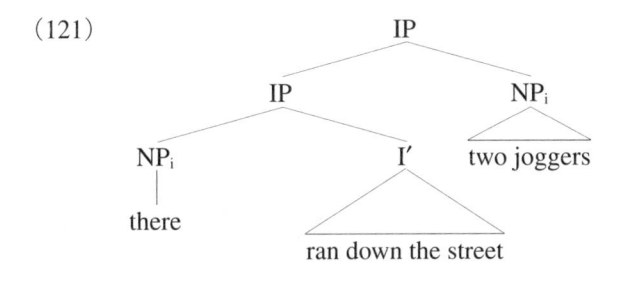

(121)
```
              IP
           /      \
          IP       NP_i
        /    \      |
      NP_i    I'   two joggers
       |     / \
     there  ran down the street
```

主語名詞句が（I′内の）動詞句の内部にではなく，その外部に位置していると考える直接的な根拠としては，まず二次述語に関わる次のような例が考えられる．

(122)　a.　There walked into the room nude a man no one knew.

   b. *There walked into the room a man no one knew nude.

                (R & C 1990, 76)

(123) a. There was standing at the edge of the park rusting a large old iron statue.

   b. *There was standing at the edge of the park a large old iron statue rusting.   (*ibid.*, 80)

　後置主語は nude や rusting のような述語よりも右に生じなければならないのであるが，このような述語は動詞句内部に位置するものと考えられるので，後置主語はその外側にあると言えそうである．

　また，動詞句に作用する統語操作に後置主語が含まれえないという事実もあげられるかもしれない．

(124) a. *If Mary claims that there jumped out in front of her several friendly well-dressed Martians, then there did [ ].

   b. *Mary was told that there might jump out in front of her several friendly well-dressed Martians, and [jump out in front of her several friendly well-dressed Martians] there did __.

   c. *What there did __ was [jump out in front of her several friendly well-dressed Martians].

             (R & C 1990, 118–119)

(124a–c)はそれぞれ後置主語を含めた形で，動詞句の削除，前置，擬似分裂文化を適用したものであるが，すべて非文とされることからすると，やはり後置主語は動詞句内部には位置しないと言えるかもしれない．ただし，後置主語を含まない形で削除などを行えば文法的になるかというとそうではなく，(125)に見るように依然として非文(あるいはきわめて容認度の低い文)が生じる．

(125) a. ?*You've been told that no one you know will walk into the room, but there will [ ] someone you haven't seen in years.

   b. ??You've been told that no one you know will walk into the room, but [walk into the room] there will __ someone you haven't seen in years.

　　c. *What there did __ a man with long blond hair was [walk into the room]. 　　　　　　（R & C 1990, 121）

　これらの非文法性が構成素関係以外の独立の根拠により説明されるならば，(125) がただちに (121) のような構造分析を否定することにはならないかもしれないが，いずれにせよ，動詞句規則に関する証拠は決定的とは言い難いであろう．

　提示的 there 構文はそれ自身，有標度の高い構文であり，(124), (125) からもわかるとおり，統語的操作による構造上の変更を被りにくいという性質を持つ．動詞の後の要素（の一部）を疑問化や関係節化によって文頭に移すことなども，まったくできない．

(126) 　a. *Down which street were there running two joggers?
　　　b. *Which street were there running down two joggers?
　　　c. *Who did there run down the street?
　　　d. *What did there run a movie about?
　　　　　　　　　　　　　　　　　　　　　（Newmeyer 1987, 296）
(127) 　a. *The hole which there jumped out of a jack rabbit is over there. 　　　　　　　　　　　　　　（Aissen 1975, 7）
　　　b. *This is the room that there walked into a man with long blonde hair. 　　　　　　　（Rochemont 1992, 385）

　このように「凍結」した構造を持つことから，その派生に関わる右方移動や there 挿入は，一般の統語規則とは異なる文体的（stylistic）な規則であると見なされる場合もある（Rochemont 1978）．

2.4.2　場所句倒置構文

　次のような文は提示的 there 構文ではないが，やはり主語名詞句が文末に「後置」されている．

(128) 　a. Up went the balloon!

b.　In the garden stood a sundial.　(Quirk et al. 1985, 1410)
　　　c.　Out of the lake emerged a gigantic reptile.
　　　　　　　　　　　　　　　　　　　　　　(Levine 1989, 1016)
　　　d.　Down the street rolled the baby carriage!
　　　　　　　　　　　　　　　　　　　　　　(Emonds 1976, 29)
　　　e.　Onto the rug scurried a little gray mouse.
　　　　　　　　　　　　　　　　　　　　　　(Green 1985, 117)

このような文は場所句倒置構文（locative inversion construction）と呼ばれ、一般には場所や方向を表す前置詞句・副詞句が文頭に生じ、自動詞の後方（主に文末）に主語が配置され、PP–V–NP という形をとる。所格倒置、文体的倒置（stylistic inversion）とも呼ばれる。この種の文には、詩的・古風な響きが感じられる場合もあるが（Quirk et al. 1985, 1380; Levine 1989, 1019)、倒置現象自体は通常の発話にもよく見られるものである。
　場所句倒置構文はしばしば感嘆符を伴って表記されることからもわかるとおり、「感嘆的」（exclamatory）な陳述として機能することが多い（Emonds 1976, 29）。また一般に、疑問形（(129)）や否定形（(130)）にはならず、従属節内（(131)）では用いられにくい（ただし後述（137）、(138) も参照）。

(129)　a.　*Does in the garden of the Finzi-Continis still stand the fountain?　　　　　　　　　(Levine 1989, 1019)
　　　b.　*Did into the room walk John?　　(R & C 1990, 27)
(130)　a.　*In the garden doesn't stand a fountain.
　　　　　　　　　　　　　　　　　　　　　　(Levine 1989, 1015)
　　　b.　*Into the room didn't walk John.　(R & C 1990, 107)
(131)　a.　*I noticed that in came John.
　　　b.　*I was surprised when up trotted the dog.
　　　　　　　　　　　　　　　　　　　　　　(Emonds 1976, 30)

これらの点で、場所句倒置構文は提示的 there 構文と類似している。生起する動詞の種類についても、かなりの程度の一致が見られるようである

(Levin and Rappaport Hovav 1995, 149, 220).（両者の意味・談話機能については第3章参照.）しかし両者は常に対応するわけではないし (Up went the balloon. ~ *There went up the balloon.)，また定主語に対する「重さ」の制限も場所句倒置構文にはほとんど見られない (Into the garden ran the cat. ~ *There ran into the garden the cat.) という違いがある (Green 1985).

　場所句倒置構文は，意味(真理条件)の点で NP–V–PP という通常語順の文に対応し (⇒ 3.1.1)，また場所句「倒置」の名称を持つことからすると，場所句と主語名詞句の倒置を経て派生されると考えられそうであるが，実際の分析はさほど単純ではない．文頭の場所句(前置詞句または副詞句)は，統語的な話題化様の移動規則によって前置されると仮定するのが一般的であるが (Emonds 1976; Rochemont 1978; Coopmans 1989; etc.)，V–NP 構造の分析についてはさまざまな可能性が考えられる．提示的 there 構文との類似を考慮すれば，NP の後置(右方移動)を仮定するのが自然に思われるが，ゲルマン諸語に見られる定動詞第2位（verb second)現象(たとえばドイツ語 Auf dem Tisch liegt das Buch. 'On the table lies the book.') との類似に着目するならば（NP を通常位置に置いたまま）V の前置を仮定することも考えられる (cf. Emonds 1976, 29–30). また，いずれの移動をも仮定せず，「後置」名詞句を目的語同様の位置に「基底生成」することも可能であろう (Coopmans 1989; Levine 1989)．したがって，少なくとも (132a–c) のような3つの分析がありうることになる．

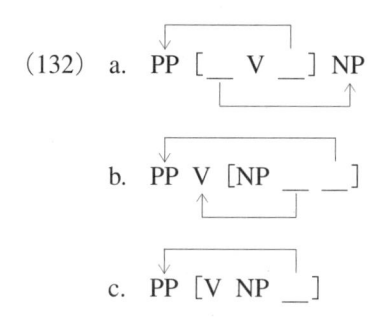

(132)　a.　PP [__ V __] NP

　　　b.　PP V [NP __ __]

　　　c.　PP [V NP __]

以下，これら諸分析を考慮しながら，場所句倒置構文に見られるいくつかの統語的性質を考察していく．

　場所句倒置構文で「後置」される名詞句は，屈折形態の点で「主語」としての性質を示す．代名詞の場合は，動詞に前接して PP–pronoun–V の形（Away they ran!）になるのが普通であるが，(133) のように文末位置で主格形態を示す場合があり，また (134) のように動詞の一致形態を決定する．

(133)　a.　Under the garden wall sat I / *me.　(Levine 1989, 1045)
　　　b.　In the garden sat they / *them.　　(*ibid.*, 1046, fn. 3)
(134)　a.　Near the fountain was / *were a unicorn.
　　　b.　Near the fountain *was / were two unicorns.
　　　　　　　　　　　　　　　　　　　　(Green 1985, 119)

もしこのような性質を示す名詞句が，「S（= IP）に直接支配される名詞句」として構造的に規定されるとするならば，主語名詞句を(派生の途中段階あるいは表層で)通常の位置に置く (132a) や (132b) のような分析が好ましいと言えよう．そうだとすると，主語名詞句を通常とは異なる位置に仮定する (132c) の分析にとって，このような例は問題となるかもしれない．しかし，一致や主格付与はかならずしも一定の構造的階層に基づくとはかぎらず，たとえば動詞と主語との間の選択関係(下位範疇化)を通じて達成されると考えることも可能であろう．また次のような例から判断すると，場所句倒置構文における一致にはそもそも特殊な部分があると思われる．

(135)　a.　?* In the garden am I.
　　　b.　In the garden is me.　　(Green 1985, 140, fn. 4)

格形態についても同様で，代名詞が強勢を担い直示的（deictic）な解釈を持つ場合には，目的格(対格)が現れうる．

(136)　a.　Into the forest ran HIM.
　　　b.　Next to his father stood HER.　(Rochemont 1986, 114)

(cf. ?Into the room walked them all. (R & C 1990, 78))

したがって結局，場所句倒置構文における一致・格形態には，どのみち何らかの特別な扱いが必要になると思われる．よって，これらの証拠に基づいて主語名詞句が通常の構造位置を占めるか否かに関する判断を下すのは，難しいと言えるであろう．

上で述べたとおり，場所句倒置構文は従属節内（補文標識や従属接続詞の右側）には生じにくいが（(131) 参照），(137) のような例は可能とされ，(138) のような実例も報告されている．

(137) a. Bill insists that at the end of the table sat John.
b. John was afraid that into the room next might walk his wife.
c. Sally failed to realize that into the room behind her had walked John. (R & C 1990, 88)
(138) a. I'm always afraid that out of the blue is gonna come a bolt of lightning. (Green 1985, 139)
b. They had scarcely exchanged greetings with each other when out of an open carriage at the gate, stepped Mrs. Duff-Scott on her way to that extensive kettledrum which was held in the Exhibition at this hour.
(Levin and Rappaport Hovav 1995, 243)

どのような条件のもとで従属節内への生起が可能となるかという問題は，いま措くとして（⇒ 3.2.1; Hooper and Thompson 1973; Aissen 1975)，このような例が統語構造上可能であるということは，(132b) のような分析にとって問題となるかもしれない．というのも，そこで仮定される動詞前置は一般に，（ゲルマン諸語の定動詞移動と同様に）主節にのみ適用する規則とされるからである．もちろん，この規則を従属節内でも適用するものとみなすことは容易にできるであろうが，(137b, c) や (138a) のように動詞だけでなく助動詞が含まれる場合や，(139) のように繰り上げ述語が含まれる場合があることから，単純な「動詞」前置の想定には結局，何らかの修正が必要になると思われる．

(139) a. In the garden appeared to be a unicorn.
 (Green 1985, 121)
 b. Into the clearing appeared to run most of the timber wolves in Canada. (Levine 1989, 1044)

なお，この (139) のような例は，文頭の場所句にも「主語」的な性質があることを示すものである．（場所句と後置主語をともに主語とみなす「多重主語仮説」については，中島 (1996), Nakajima (2000) 参照．

　場所句倒置構文は提示的 there 構文と同様，一般に種々の統語的操作を被りにくいという性質を持つため，その構成素構造を認定するのがきわめて困難である．しかし，次のような等位接続が可能であることからすると，V–NP の部分が単一の構成素を成しているということは言えるかもしれない．

(140) a. In the garden stands an elegant fountain and dwells an interesting dwarf.
 b. In the garden ónce stood an elegant fountain, but nów stands a wretched gazebo.
 c. In the garden blossoms an immemorial oak, and continues to thrive an ancient elm. (Levine 1989, 1033)

単に V–NP が構成素を成すというだけであれば，(132a–c) のいずれの分析もこの種の例と整合しうると思われる．しかし (141) のような副詞の分布からして，この構成素は動詞句であるとみなすことが可能である．

(141) a. On the verandah quietly sat two tourists.
 b. On the verandah sat two tourists quietly.
 (Levine 1989, 1033)

一般に quietly のような副詞は動詞句を修飾するものと考えられるので，それと密接に結びつく（それが前後に生じうる）構成素を動詞句とみなすのが，最も簡潔かつ自然な分析であろう．この点で，(132c) の分析が上の事実と最も端的に適合すると思われる．((132a) のような分析も，主語後置

を動詞句内部(たとえば目的語位置)への移動と考えれば上の事実に合致させることは可能であろうが,このような移動は一般に認められない.)

　なお,場所句倒置構文の等位接続については,次のような形も観察される.

(142)　a.　Down came the rain and washed the spider out.
　　　 b.　Out came the sunshine and dried up all the rain.
　　　　　　　　　　　　　　　　　　　(Nursery Rhyme)

一見したところ V–NP 構造(動詞句)の単純な等位接続とみなせそうであるが,接続されていると思われる動詞句のうち,前のものは場所句の摘出を含むが後ろのものは含まず,また意味解釈上の違いもあることから,完全に同型の構成素が等位接続されているとは考えにくい.このような例から,等位接続のあらゆる事実が(132c)の分析に合致するわけではないかもしれないということがわかる.

　以上ごく簡単にではあるが,(132)にあげた3つの分析の比較をまじえながら,場所句倒置構文のいくつかの統語特徴を見てきた.ここで考察した範囲内においては,主語名詞句の移動も動詞の移動も仮定しない(132c)のような分析がある程度の妥当性を持つと一応言えるかもしれないが,異なる分析法も考えうるし,また他にも考慮すべき現象は多いため,断定はできない.しかし,少なくとも主語の後置が統語的な「後置(右方移動)規則」によるとする明確な証拠をあげることは,難しいように思われる.したがって,場所句倒置構文を主語後置文あるいは右方移動構文とみなすことは,厳密には正しくないかもしれない.ただし「後置」や「右方移動」を「主語(NP [+ F])の右方(文末)配置」という線形化の効果に言及するものとして理解するならば,依然としてこのような呼び方をすることは認められよう.

第3章　右方移動構文の解釈と機能

3.1　右方移動構文の解釈

3.1.1　真理条件的意味と主題的意味

　統語構造の観点から見た場合，英語の右方移動構文は何らかの移動変形（あるいはそれに類する手段）によって，対応する非右方移動構文と関連づけられると考えることができる．では，意味解釈の観点から見た場合，右方移動構文と非右方移動構文はどのような関係にあると言えるだろうか．

　一見したところ，右方移動構文と対応する非右方移動構文とは，同じ「意味」を表している．たとえば，次の (1) から (5) の (a) と (b) はそれぞれ同じことを述べており，内容的にほとんど差がないものとみなしても差し支えないように思われる ((1b) は名詞句からの前置詞句外置，(2b) は関係節外置，(3b) は重名詞句転移，(4b) は提示的 there 挿入，(5b) は場所句倒置の例．すべて Rochemont (1986, 110) より引用).

(1)　a.　A letter from England arrived for you.
　　　b.　A letter arrived for you from England.
(2)　a.　A car that she hadn't noticed at the light pulled out ahead of her.
　　　b.　A car pulled out ahead of her that she hadn't noticed at the light.
(3)　a.　They elected the man they most feared as their leader.
　　　b.　They elected as their leader the man they most feared.
(4)　a.　An ominous cloud with a long funnel was heading toward

them.
   b. There was heading toward them, an ominous cloud with a long funnel.
(5) a. A large old sofa stood next to the fireplace.
   b. Next to the fireplace stood a large old sofa.

　たしかにある点では，これら各文は同じ「意味」を持っていると言えるのであるが，この場合の「意味」とは「知的意味」(cognitive meaning)，「命題的意味」(propositional meaning)，あるいは「真理条件」(truth-condition) と呼ばれるものである．上の各例文において，(a) によって正しく(真に)記述されうるような状況・事態であれば，(b) によっても正しく記述されるし，逆もまたそうである．言い換えると，(a) と (b) はかならず同一の状況・事態において真(または偽)になるのであって，一方が真で他方が偽となるような状況は考えられない．つまり，右方移動構文と非右方移動構文は真理条件が等しいのである．上の各文の意味を理解している人は，つまり，その真理条件を知っているということであり，たとえば (1a) を正しい(真である)と認め，同時に (1b) を正しくない(偽である)として否定する人は，(1) の文の意味を理解していないとみなされる．

　真理条件は文の意味の中核を成すものであるが，しかしそれが意味のすべてというわけではない．意味には，真理条件以外にもさまざまな側面があると考えられる(たとえば Leech (1981, ch. 2) 参照)．そして右方移動構文と非右方移動構文は，こうした非真理条件的な意味の側面において違いを示す．上例の各 (b) では，前置詞句や関係節，名詞句などが各 (a) で現れている通常の(無標の)位置よりも右に移動し，文末に置かれている．英語では一般に，右方(文末)に生じる要素は文中で最も際立った，伝達上重要なものとみなされる．すなわち，文末要素は意味・情報的に焦点として解釈されるのである．Quirk et al. (1985, 1357) などはこの傾向を指して，文末焦点 (end-focus) の原則と呼んでいる (Bolinger (1952), Kuno (1979), Creider (1979) なども参照)．(1) から (5) の各 (a) 文と (b) 文は，したがって，焦点解釈に関して意味的に異なっているわけであるが，このような焦点化に関わる意味は，真理条件的意味に対して「主題的意

味」(thematic meaning) と呼ばれることがある (Leech 1981; Huddleston 1984). 主題的意味というのは, 話し手がコミュニケーションに際し, 談話文脈や発話の状況, 聞き手に関する想定などとの関わりにおいて, 語順その他の言語手段を通じて適切に情報内容を組織化する仕方により表されるもので, 伝達上の情報価値や談話の整合性などを左右する. 言語表現の意味的側面が, 意味論と談話・語用論に二分されると仮定するならば, 主題的意味は談話・語用論の領域に属するものとして扱われる. (語用論と区別された狭義の意味論にとって, 要素の左右関係・線形順序は一般に無関係である. たとえば Heim and Kratzer (1998, 44) 参照.) したがって, 右方移動構文と非右方移動構文は(狭義の)意味論のレベルでは等価なものであるが, 談話・語用論(あるいは広義の意味論)のレベルにおいて異なるものと言える. 両者は主題的意味に関して異なっており, 一方は他方の主題的変異形 (thematic variant) であると呼ばれる (Huddleston 1984, ch. 14).

3.1.2 連辞的焦点と系列的焦点

文中のある要素を焦点化するということは, 単純に言うと, その要素を重要なものとして「際立たせる」こととみなせるのであるが, 要素の際立たせ方というのは一様ではない. 文の要素が, 連辞的関係 (syntagmatic relation) および系列的関係 (paradigmatic relation) という2種類の構造関係に基づいて組織されるという点に注目するならば, 文の要素の際立たせ方も, この2種の関係の観点から考えることができると思われる (⇒ 1.3). 連辞的関係というのは, 単純に言えば横の関係であり, 文を構成する語(構成素)の左右のつながりのことを指す. たとえば X, Y, Z という3つの語または構成素が, X⌢Y⌢Z という順序で結び合わさって文を構成している場合, これらは連辞的な関係にあると言う. もう一方の系列的関係とは, いわば縦の関係であり, 文中のある特定の位置・環境に生じることのできる語(構成素)どうしの潜在的な選択関係を言う. X⌢Y⌢Z で Y の位置に他に Y′ や Y″ なども生じうる場合, つまり Y の位置に Y′ や Y″ を置き換えても文が成立するという場合, Y と Y′, Y″ は系列的関係に

あると言う．連辞的関係と系列的関係はそれぞれ，連鎖関係（chain relation），選択関係（choice relation）とも呼ばれる（Quirk et al. 1985, 41）.

　文中のある要素を際立たせ焦点化する仕方には，この2種の構造関係のどちらに依存するかに応じて，2通りありうると思われる．1つは連辞的関係に基づく焦点化で，左右に連なる語句の連鎖のうち，ある位置に生じているものを他の位置に生じているものに比べて相対的に際立たせるというものである．これは上の例で言うと，X⌒Y⌒Zという連鎖の中で，たとえば最後の位置にあるZを，X, Yに対して際立たせるようなやり方と言える．もう1つは系列的関係に基づく焦点化で，ある位置に生じうる語句の集合の中から1つを選択し，他との対比によって際立たせるというものである．これはXとZの間の位置に生じうる語句の集合 {Y, Y′, Y″} の中からYを選択して，残りのY′, Y″と対比して際立たせるというやり方と言えよう．このような2種の焦点化により規定される焦点は，それぞれ連辞的焦点（syntagmatic focus），系列的焦点（paradigmatic focus）と呼んでもよいであろう．

　このような観点から右方移動構文における焦点化を見た場合，それは焦点となる要素が文の末尾に置かれるという連辞的関係（線形順序）の点で際立たせられるというもの（文末焦点）であるから，連辞的焦点化の1例であるとみなすことができる．つまり，右方移動構文における焦点は連辞的焦点である．なお，連辞的関係に基づいて要素を焦点化すると言う場合，その要素が文中で占める位置の指定としては，いちばん前（文頭）とか，動詞の直前あるいは直後とか，いちばん後ろ（文末）とかのようにさまざまな可能性がありうるが，英語は文末，つまりいちばん右の位置を使うわけである．類型的に見てみると，英語を含むSVO言語には文末を焦点位置とするものが多い．（ちなみに，日本語を含めSOV言語には，動詞の直前位置を焦点位置として利用しているものが多い．cf. Dezsö 1978; Creider 1979; Kim 1988; Cinque 1993; etc.）

3.1.3　右方移動構文の焦点解釈：提示的焦点

　Rochemont（1986）は，（1）から（5）の各（b）文において，右方移動さ

第 3 章　右方移動構文の解釈と機能　69

れた要素が単に連辞的に見ていちばん右の位置（文末）にあるというだけでなく，特定の構造上の位置（具体的には動詞句の右付加位置）を占めているものとし，これらを構造的焦点（constructional focus）と呼ぶ．そして，この構造的焦点は「提示的焦点」（presentational focus）として解釈されると言う．右方移動要素はかならずしも一定の構造位置にあるとは言えないと思われるが（⇒ 第 2 章），構造的焦点はここで言う連辞的焦点と基本的に対応するとみなせるので，以下，その「提示的焦点」としての解釈をRochemont（1986）の記述に基づいて明確化しておく．（系列的焦点は，Rochemont の分析における「対比的焦点」（contrastive focus）に対応する．系列的・対比的焦点は分裂文の章で扱う（⇒ 5.1; 5.2））．

提示的焦点とは，（文中の他の要素に比して）「新しい」情報（new information）を担うという点で際立った重要なものであり，次のように定義される（Rochemont 1986, 52）．

（6）　提示的焦点：　表現 P は次の場合，そしてその場合にのみ，談話
　　　D（ただし D = {$S_1, \ldots, S_n$} とする）における提示的焦点である．
　　　（ⅰ）　P は S_i 内の表現であり，かつ
　　　（ⅱ）　D において S_i が発話される時点で，P は文脈から解釈可能ではない．
　　　（ただし S_i は D における i 番目の文で，$1 \leq i \leq n$ とする．）

「文脈から解釈可能」（c(ontext)-construable）という概念は，大まかに言えば「旧情報」（old information）という概念に対応するもので，次のように述べることができる（Rochemont 1986, 174）．

（7）　ある表現が，（ⅰ）話題に上っている場合，または（ⅱ）指標的表現
　　　である場合，その表現は文脈から解釈可能であると言う．

まず（7ⅰ）について，談話におけるある文（発話）内の表現が「話題に上っている」（under discussion）というのは，概略，先行する談話内でその表現自身あるいはその表現と同じものを指示・含意するような表現（意味的先行詞）が述べられているということを意味する．たとえば次の（8）における B の発話で，yesterday 以外の表現はすべてこの意味で話題に上っ

ていると解釈されるが，(a)の場合は明示的な同型表現が，(b)の場合は指示・意味を等しくする表現が，それぞれAの発話に存在するためである．

（8） A: I hear John's father kicked the bucket.
　　　 B: Yeah.
　　　　　a.　John's father kicked the bucket yesterday.
　　　　　b.　He / The old man died yesterday.
(Rochemont 1986, 173)

いずれの場合も，意味的先行詞が先行談話内に存在し，現発話の段階ですでに(話し手と聞き手の共有する)談話内に導入されているわけであり，典型的な旧情報と理解できる．

　一方 (7ii) の指標的表現 (indexical) というのは，発話状況に依存した「意味」を持つ表現で，1・2人称の代名詞，時間や場所を表す副詞的語句，出現を意味する述語 (arrive, appear, come into 他) などが含まれる．したがって，たとえば A letter arrived for you today. のような文で，letter 以外の arrive, for you, today はすべて指標的表現と見なされる．これらの表現は，発話の内容に関して重要な情報を伝えるというよりもむしろ，発話の状況との関わりにおいて談話の背景となる場面設定 (scenesetting) を行うものとみなされる．なお，このように語彙的に限られた表現以外にも，聞き手がよく知っており，特に注目するに値しないと予測できる表現は，随意的に場面設定表現とみなしうる．たとえば次のような例で，hospital は語彙的に指標的表現とされるわけではないが，話者が病院に勤めているとか治療のため定期的に病院に通っているとかいうことを，聞き手が十分承知しているような発話状況では，(I, run into, this morning とともに)談話の場面設定的表現の一部とみなすことができる（Rochemont 1986, 57).

（9） I ran into John in the hospital this morning.

したがって，指標的・場面設定的ゆえに旧情報的とみなされる表現には，かなり多様な表現が含まれうる．

提示的焦点となる表現((6)のP)は，「文脈から解釈可能」という概念の否定として捉えられるもの(概略，旧情報でないもの)であるから，上で説明したことに基づくと以下のように規定することができる．

(10) 提示的焦点として解釈される表現は，
 (ⅰ) 先行談話において明示的にも非明示的にも導入されておらず，
 (ⅱ) 指標的・場面設定的な表現でもない．

(1)–(5)の各(b)のような右方移動構文で文末に配置された外置要素，重名詞句，後置主語などの連辞的焦点は，基本的にすべて，このような形で規定される提示的焦点として解釈される．提示的焦点は発話状況，談話，話し手・聞き手の関係などに依存するものであり，談話・語用論的(主題的)意味に属するものである．

提示的焦点が担う情報は，発話状況との関わりにおいても，談話や聞き手との関わりにとっても，予測・期待されない「新しい」情報であると言えよう．したがって，右方移動構文における文末要素が提示的焦点として解釈されるということは，端的にはそれが新情報を伝えるということに等しい．このことは，たとえば，照応的・定的(definite)な代名詞が右方移動の適用対象となることはないという事実に示される．

(11) a. *There stood before him it.　　(Rochemont 1986, 115)
 b. *Down the hill rolled it.　　(Rochemont 1978, 22)
 c. *John wants to give to Mary it.　　(*ibid*., 33)
(12) a. ?*An analysis will be necessary of it.　(Fodor 1984, 114)
 b. *I bought a book at the bookstore about it.

(11)の提示的 there 構文，場所句倒置構文，重名詞句転移文や，(12)の名詞句からの外置文では，提示的焦点として解釈されるべき文末要素に代名詞の it しか含まれていないのであるが，it は通例(直示的ではありえず)前方照応的にしか解釈されないので，(10ⅰ)の規定に反すると考えられる．したがって新しい情報(指示物)を導入することができず，提示的焦点にはなりえない．提示的焦点として新情報を伝える名詞句というのは，典

型的には不定 (indefinite) の形をとるため，右方移動されやすい(提示的焦点になりやすい)のは不定名詞句であると一応言うことができるが，定性に関する制限は構文間でかならずしも一致しない (⇒ 3. 3).

　定・不定の区別というのは名詞句(の指示物)に関わる概念であるが，節(命題)に関して言うと，前提と断定 (assertion)，ないしは背景と前景のような区別がこれに対応する (Givón 1993, 198). したがって，名詞句からの外置により右方に配置される関係節などは文の断定を表すのが普通であり，背景的な意味内容しか持たない場合は不適格となる (Ziv 1975; Creider 1979; 村田 1982; etc.). 次の (13) では，外置節が，come in, get to といった出現述語や my office のような聞き手もよく知っていると考えられる場所表現などの指標的表現ばかりを含み，場面設定的な機能しか持たないため，(10ⅱ) の規定からして提示的焦点(断定)として解釈しえない.

(13)　a.　?A man was wearing very funny clothes who just came in.
　　　b.　?A letter practically cancels the deal which just got to my office.　　　　　　　　　　　　(Ziv 1975, 571)

これと類似した (14) は，外置節が十分な意味内容を持つので適格である.

(14)　a.　A man just came in who was wearing very funny clothes.
　　　b.　A letter just got to my office which practically cancels the deal.

なお，外置節の文の主断定としての地位は，たとえば付加疑問文の形式から確認することができる. Ziv (1975, 569) は次のような例をあげている.

(15)　a.　A man who was wearing very funny clothes just came in, didn't he, Mary?
　　　b.　*A man who was wearing very funny clothes just came in, wasn't he, Mary?
(16)　a.　A man just came in who was wearing very funny clothes, wasn't he, Mary?
　　　b.　?A man just came in who was wearing very funny clothes,

　　　　　didn't he, Mary?

　付加疑問というのは普通，文の中で断定されている部分について，それが真であることを確証するために用いられる．外置されていない関係節の部分に対して付加疑問をつけると，(15b)のように的はずれとなっておかしいが，外置されれば逆にそれに付加疑問をつけないといけなくなる((16))．外置節の主断定としての地位がここに示されている．

　このように，右方移動はある要素を文末に置いて焦点化し，それが提示的焦点，新情報(新指示物，断定)として解釈されることを明示するための手段と考えることができる．このことはまた，次のような例によっても示される．

(17)　a. *Into the classroom ran John late.
　　　b. *Down the hill rolled the carriage in Spain.
　　　c. *At the edge of the lake stood an old mansion only recently.
　　　d. *Beside him sat his mother during the ceremony.
　　　　　　　　　　　　　　　　(Rochemont 1978, 24,29)
(18)　a. *A man walked in purposefully with green eyes.
　　　b. *A little girl skipped right by with long braids.
　　　　　　　　　　　　　　　　　　(Guéron 1980, 663)

右方移動された要素以外に新情報を担いうる副詞句などの要素が(動詞の右方に)存在すると，このような容認度の低い文が生じるのであるが，これは，右方移動による提示的焦点解釈(連辞的焦点化機能)がそのような要素によって阻害されてしまうためと考えられる．以下のような疑問文とその答え(つまり2文からなる最小の談話)のつながりの悪さも，同様に解釈できる．例文はRochemont (1986, 112)より．大文字は強勢を示す．

(19)　A:　Which room did that man from India walk into?
　　　B: *That man walked into the BATHROOM from India.
　　　　(cf. That man from India walked into the BATHROOM.)
(20)　A:　Where did Robin Hood run?
　　　B: *Into the FOREST ran Robin Hood.

(cf. Robin Hood ran into the FOREST.)
(21)　A: Where did the man he had introduced earlier stand?
　　　B: *There stood BESIDE him the man he had introduced earlier.
(cf. The man he had introduced earlier stood BESIDE him.)

各 B 例のように，右方移動により要素が文末へ配置されているにもかかわらず，それ以外の要素に強勢を置いて際立たせ（A に対する答えの中心として）新情報扱いにすると，やはり提示的焦点がぼやけてしまい，談話の整合性がなくなる．

なおこの例との関わりで，外置文について 1 つ注意しておかねばならない．文末の提示的焦点以外の要素が強勢を担って際立つことにより不適格な文が生じるという言い方は，外置文については実は正確ではない．というのも，外置文では一般に，（文末に外置された要素だけでなく）外置要素の先行詞となる名詞句も強勢を担うからである．

(22)　a. A MAN came into the office today from INDIA.
　　　　(cf. ?A man came into the OFFICE today, from INDIA.)
　　　b. A CAR pulled out ahead of her that she hadn't noticed at the LIGHT. 　　　　(Rochemont 1986, 199, n. 121)
(23)　A: Who just walked into the bathroom?
　　　B: That MAN just walked into the bathroom from INDIA.
(R & C 1990, 26)

つまり，外置先行詞は文末焦点を阻害しないという点で例外的なわけであるが，これは，それが文末要素と同時に提示的焦点として解釈されると考えることによって理解することができる．外置要素はたいてい，先行詞の指示物を限定・制限するものであるから，それ自身だけではなく，それと先行詞との結びつきからなる名詞句全体を提示的焦点とみなすことは自然であろう（たとえば (22a) で談話に導入されているのは India（だけ）ではなく，a man from India 全体（あるいは man と India の両方）である）．よって，以下では外置文に関し，外置要素と同時にその先行詞も提示的焦

点として扱われうる(あるいは，外置要素が先行詞の焦点化をも合図しうる)ものと考える (cf. Guéron 1980, 658, fn. 37; Rochemont 1986, 199, n. 121; R & C 1990, 64–65; etc.).

3.1.4 述語の解釈・制限

　右方移動構文の文末要素は，連辞的関係(線形順序)に基づいて焦点化されるものであり，文・発話において(他の要素よりも)新しい情報を担う提示的焦点として解釈される．このため，文末以外の要素(外置先行詞を除く)は提示的焦点を際立たせるために「新しくない」情報を担うことが多くなるのであるが，このことはとりわけ，述語(動詞)に関して当てはまる．動詞が新しくない情報を担うということは，それが文脈から解釈可能であるということ((7))，すなわち，話題に上っているか，あるいは指標的・場面設定的表現であることとして理解することができる．

　主語名詞句からの外置文や場所句倒置構文，提示的 there 構文に現れる動詞には，以下の例が示すようにある種の制限が見られる．

(24)　a.　A man appeared / walked in from India.
　　　b.　*A man died from India.　　(Guéron 1980, 651, 653)
(25)　a.　A book has arrived in today's mail by J. K. Smith.
　　　b.　??A book has exploded in today's mail by J. K. Smith.
　　　　　　　　　　　　　　　　　　(Kayne 1979, 714)
(26)　a.　On the beach lay / slept a malnourished vagrant.
　　　b.　??On the beach dreamed a malnourished vagrant.
　　　　　　　　　　　　　　　　　　(Green 1985, 121)
(27)　a.　Toward me lurched a drunk.
　　　b.　*Toward me looked a drunk.　　(Bresnan 1994, 78)
(28)　a.　There hid in the pool a photographer from *Paris Match*.
　　　b.　??There took photographs a man from *Paris Match*.
　　　　　　　　　　　　　　　　　　(Lumsden 1988, 64)
(29)　a.　There chose to be present at the opening three members of the finance committee.　　(Rochemont 1978, 55, n. 40)

b. *There chose to defend themselves three men from Peking.

(*ibid.*, 34)

このような対比を通覧してみると,これら構文ではそれ自身で(あるいは場所句といっしょになって),「存在」や「出現」といった意味を表すような自動詞が用いられることが多く,そのような解釈を持たない自動詞や他動詞は用いられにくいことがわかる(2.2.2 も参照).存在や出現の意味を持つ動詞というのは,本質的に話し手・聞き手との関わりにおいて談話の場面設定の役割を果たす表現であり,上述(7ii)の意味で文脈から解釈可能なものと捉えることができる.この点で,これら動詞は談話文脈において意味的に空疎な「情報的に軽い」ものであり,提示的焦点(新情報)を際立たせるためのいわば「背景」としての適性を有していると言える.上のような制限は,したがって,一般的には「談話内で新しい情報を担わない動詞,情報的に軽い動詞」という談話・語用論的な観点から捉えられるものと考えられる(cf. Guéron 1980; Rochemont 1978, 1986; Takami and Kuno 1992; Birner 1994; Levin and Rappaport Hovav 1995; etc.).

情報的な軽さというのは,存在・出現という語彙レベルでの意味解釈に限られるものではなく,文脈レベルで決定される談話・語用論的な情報地位をも含む.たとえば(24b)の die を含む文や(29b)の defend を含む文も,それぞれ次のような文脈では容認可能とされる.

(30) Several visitors from foreign countries died in the terrible accident. A woman died from Peru and a man died from India.

(Guéron 1980, 653)

(31) Several American prisoners chose to defend themselves rather than suffer complete humiliation at the hands of the lawyers. There also chose to defend themselves three men from Peking.

(Rochemont 1978, 55, n. 40)

die や defend のような動詞は存在・出現といった意味を表すわけではないが,このような文脈では,先行談話内で明示的に言及されているという意味で「話題に上って」おり,文脈から解釈可能な情報的に軽いものとみ

なすことができる(上述 (7i)). このような例から，存在・出現という意味に基づく制限よりも，「文脈上新しくない情報」という談話情報地位に基づく制限のほうが一般性が高いと言える．(Guéron (1980, 652, fn. 21) は，このような動詞がすべて意味的には存在量化子 (existential quantifier) に対応すると考えているが，このような意味分析が妥当かどうかは定かではない．Lumsden (1988, 235) も参照．)

　文脈から解釈可能な動詞は，かならずしもそれ自身談話内で言及されているとは限らない．たとえば次のような例を見てみよう．

(32) a. ... in this lacey leafage fluttered a number of grey birds with black and white stripes and long tails.
　　 b. Out of the precipice behind waved a profusion of feathery rock-lilies ... 　（Levin and Rappaport Hovav 1995, 255）
　　 c. A vase of wildflowers sat in the middle of the table. From the kitchen wafted aromatic smells of fresh-cooked meat, spices, garlic, and onion. 　　（Birner 1994, 254）
(33) a. On a distant hilltop there burned a fire.
　　 b. From the distance there rang a bell.
　　 c. On top of the pole there waved a flag.
　　　　　　　　　　　　　　　　　　（Givón 1979, 72, fn. 52）

ここで flutter, wave, waft, burn, ring などの動詞は，語彙的に存在・出現の意味を持つわけでもなく，先行談話内で明示的に言及されているわけでもない．しかしこれら動詞が表す意味は，(後置された)主語名詞句との関係において見た場合，容易に予測しうるものである．たとえば「鳥」と言えば典型的に「羽ばたく」ものであり，「芳香」と言えば「漂う」もの，「鐘」と言えば「鳴る」ものである．つまり (32) や (33) の動詞は，談話内の他の表現の指示物によって文脈上含意・推測されており，この意味で文脈から解釈可能なものとみなすことができる (上記 (8Bb) も参照)．このような例からも，(ある種の)右方移動構文の動詞に対する制限は文脈的に述べられるべきものであると言えよう．

3.2 右方移動構文と提示文

3.2.1 提示文としての右方移動構文

前節での考察から，右方移動構文のいくつかのもの(主語からの外置文，主語後置文)については，① 主語(の一部)が談話内における「新しい」情報を担い，② 動詞が新しくない軽い情報を担う，という特徴づけを与えることができる．これはほぼ，「提示文」(presentational sentence)と呼ばれるタイプの文に相当するものである(Rochemont 1978; Guéron 1980)．提示文は基本的に，「何々が現れる，生じる」という形で主語指示物を談話内に導入する点を特徴とする(Kirkwood (1977, 56), Givón (1979, 72), Lambrecht (1987), 福地 (1985, 101) なども参照)．多くの場合，主語というのはその指示物の(談話内)存在を前提とされ，「何々はこれこれの性質を持つ，どうする」という「叙述」(predication)型の文の話題として機能するものであるから，それを新情報(提示的焦点)として談話に導入する提示文は，特殊な，有標の文型に属すると言える．

提示文は，一般の叙述において前提とされる主語を前提としないということから，前提度(あるいは聞き手の既知性に関する想定・期待)のきわめて低い文であると言える(Rochemont 1978, 92–93; Rochemont 1986, 45)．このため，一般に対応する肯定文の内容に関する聞き手の既知性を想定して(Givón 1993, 189)なされる否定断定の形では用いられない(Guéron 1980; Aissen 1975; Givón 1979)．

(34) a. *A man didn't come into my office who ...
  b. *The assertion was not believed that the earth is flat.
         (Guéron 1980, 663, fn. 45)

(35) a. ?*There might not ever stand near the sink a heavy-duty shredder. (Ross 1974, 578)
  b. *There never stepped out in front of my car a pedestrian.
         (Aissen 1975, 9)
  c. *There didn't sit on the lawn a huge bulldog.
         (Guéron 1980, 671)

(36) a. *On the wall never hung a picture of US Grant.
(Aissen 1975, 9)
b. *In the garden doesn't stand a fountain.
(Levine 1989, 1015)
c. *Into the room didn't walk John.　(R & C 1990, 107)

また，前提的な(断定されているのではない)補文の内部に生じることもない(Hooper and Thompson 1973; Aissen 1975)．

(37) a. *The newsman is reluctant to come because he doubts that there stands in the middle of the courtyard a giant lipstick.
(Aissen 1975, 5)
b. ?*That there waves from their mast an Italian flag is odd.
(ibid., 6)
(38) a. *The guide was surprised that beyond the next hill stood a large fortress.　(Hooper and Thompson 1973, 479)
b. *I don't believe the report that up the street trotted the dog.
(ibid., 485)
c. *I regret that out of the bushes ran a grizzly bear.
(Aissen 1975, 3)

このような振る舞いからすると，主語からの外置文や主語後置文などの右方移動構文は，提示文とみなすことが可能であると思われる．つまり，右方移動という統語的特徴と提示文という談話機能特徴との間には，相関関係が見られるということである．

3.2.2　右方移動と提示文の関係

しかしながら，右方移動構文の中に提示文としての特徴を持つものがあるということが，ただちに両者の等価性を意味するわけではない．実際，右方移動の適用は，提示文にとって必要でも十分でもない．

まず，たとえば A letter has arrived. や A woman came into my office yesterday. のような不定主語を持つ文や，There's a cat in the kitchen. の

ような存在文には，右方移動が関与しないと考えられるが，主語指示物を談話に導入するという点で，明らかに提示文である．右方移動を含まない提示文があることから，右方移動は提示文の必要条件ではないと言える．

また逆に，提示文の性格を持たない右方移動構文もあると考えられる．主語ではなく目的語に関わる右方移動構文（目的語名詞句からの外置，重名詞句転移）は，主語の談話内導入に関わらず，また以下に見るように述語も（存在・出現などの）希薄な意味を表すものに限られないため，提示文とはみなされないであろう．

(39) a. I read a book during the vacation which was written by Chomsky. (Guéron and May 1984, 6)
　　 b. It is true that when he begins to speak, the things he says may bring other things into his consciousness that were not there at the outset.
　　　　　　　(Chafe, "Language and Consciousness," p. 112)
　　 c. It is possible in principle to give definitions in logical terms of any semantic relationship between a 'source' predicate and a derived predicate.
　　　　　　　(Hurford and Heasley, *Semantics*, p. 216)
　　 d. Russian television showed footage on Sunday of an unshaven man, described by a top prosecutor as a member of a Chechen rebel group . . . (Reuters, September 5, 2004)

(40) a. Indeed, many men in every generation repeat in their own lives the history of the race.
　　　　　　　(Nagel, *The Structure of Science*, p. 1)
　　 b. Plotinus brought with him to Rome a doctrine of salvation that was to compete seriously with Christianity when its time came. (Gaarder, *Sophie's World*, p. 135)
　　 c. Long experience has taught me to reduce in some slight measure the dimensions of my travelling library.
　　　　　　　(Huxley, *Along the Road*, p. 39)
　　 d. . . . every person — civilized or uncivilized — carries through

life certain naïve but deeply rooted ideas about talking and its relation to thinking.
（Whorf, *Language, Thought, and Reality*, p. 207）

これら目的語名詞句からの外置文や重名詞句転移文では，目的語名詞句の指示物が提示的焦点として談話内に導入されていると解釈されるが，指示物の導入を直接目的語によって達成することは，何ら特殊なことではない（Givón 1979, 52, 95）．したがって，これらの文は特殊な提示文ではなく，一般の叙述文と言える．

また主語からの外置についても，総称的（generic）な名詞句から行われる場合は，主語指示物の談話内導入という働きがあるとは思われない．次の例を見てみよう（Declerck 1988b, 143）．

（41） a. Students who do not attend classes regularly cannot graduate with honors.
　　　 b. Students cannot graduate with honors who do not attend classes regularly.

（41a）は「授業に普段出席しない学生は，優等で卒業することはできない」という意味であり，非外置関係節は「学生」を「授業に普段出席しない学生」という部分集合へと限定している．一方外置を含む（41b）は，「学生が優等で卒業できないのは，授業に普段出席しない場合である」というふうに，まず「学生」についての陳述をし，さらにそれがどういう状況で（どういう条件下で）成立するかということを特定している．このような外置関係節は，条件の if 節や非時間的な when 節などに似て，指示物そのものを限定するのではなく，主節の表す事態の成立に対する条件を述べている．このため，(41a, b) はそれぞれ次のような異なる疑問文と整合する．

（42） a. What kind of students cannot graduate with honors?
　　　 b. When (Under what circumstances / conditions) can't students graduate with honors?

したがって総称的名詞句から外置された関係節は，（限定・制限修飾の関係を通じて）主語の焦点化を合図するようなものではなく，先行節とは別に，独自の命題断定を行う従属節として扱われるべきものと考えられる．だとすると，先行する主節と外置関係節とのつながりは，いわば一種の小談話とみなせるものとなる．次の例に示されるとおり，通常このような関係節と主節との間には，因果性や条件性といった何らかの意味的・論理的な関連性がなければならないが (Declerck 1988b, 160)，これは談話の整合性・結束性という観点から理解することができるであろう(中島 (1995) も参照)．

(43) a. People who live in glass houses must be careful.
　　　b. People must be careful who live in glass houses.
(44) a. People who live in glass houses like ice cream.
　　　b.! People like ice cream who live in glass houses.

主語からの外置文であっても，このように提示文の性格を持たないと考えられるものがあることから，右方移動が提示文解釈にとっての十分条件にならないことは明らかである．

以上のことから，右方移動構文の集合と提示文の集合は，重なりを持ちはするがあくまでも別々の集合であると結論づけることができる．言い換えれば，「要素の右方への移動(文末配置)を含む」として統語的・形式的に特徴づけられる文の集合と，「主語を提示的焦点とし，情報的に軽い動詞を持つ」として意味・語用論的に特徴づけられる文の集合とは，完全に重なり合うものではないということである．主語からの外置文や主語後置文は，これら2つの集合の交わりに属すると思われるが，不定主語文や存在文などの提示文は右方移動構文集合には属さず，総称名詞句からの外置文や目的語からの外置文，重名詞句転移文などの右方移動構文は，提示文集合には属さない．

1つ注意しなければならないのは，主語からの外置文，場所句倒置構文，提示的 there 構文が右方移動構文であり，かつ，多くの場合提示文的でもあるという点で，形式的にも意味・談話語用論的にも類似点を持つものと

は言っても，だからといってこれらがあらゆる点においてまったく同じ性質をそなえているかというと，かならずしもそうではないということである．たとえば，形式のうえでこれら構文を特徴づける「右方移動」がすべて同じ性質の操作であるかどうか，移動要素が構造上どのような位置を占めるか，あるいはそもそも実際に移動が含まれるか否かなどについて，議論の余地があると思われる（⇒ 第 2 章）．また，焦点化された名詞句の「定性」に関しても，少なからぬ違いが見られる（⇒ 3.3）．したがって，種々の構文に関する「右方移動構文」，「提示文」といった特徴づけは，各構文の独自性・特異性をことごとく包括するものではなく，一定の抽象化のうえに成り立つものと解さねばならない．

3.3 定制限

3.3.1 外置の定制限

外置を許す名詞句は通常，不定（indefinite）のものであり，定（definite）であってはならないと言われる．これは Ziv and Cole (1974) 以来，「定制限」（definiteness restriction）と呼ばれている．次例に見るとおり，一般に不定名詞句からの外置は何の問題もなく容認されるが，定名詞句からの外置は容認度がきわめて低い．

(45) a. A guy just came in that I met at Treno's yesterday.
  b. ??The guy just came in that I met at Treno's yesterday.
  　　　　　　　　　　　　　　　　　(Ziv and Cole 1974, 772)
(46) a. An old man came into the room who had three ears.
  b. ??The old man came into the room who had three ears.
  　　　　　　　　　　　　　　　　　　　　　(*ibid.*, 781)
(47) a. A man walked into the room from India.
  b. ?The man walked into the room from India.
  　　　　　　　　　　　　　　　　　(Rochemont 1986, 120)
(48) a. A book was published about linguistics.
  b. *That book was published about linguistics.
  　　　　　　　　　　　　　　　　　(Guéron 1980, 665)

定制限とは，単純な言い方をすれば「定名詞句からの外置は不可能，不定名詞句からの外置は可能」ということになる．しかし実際には，定名詞句からの外置が可能な場合も，不定名詞句からの外置が不可能な場合も見られることから，より正確には，種々の意味的・談話語用論的要因の関わる複雑な現象として捉えられなければならないと思われる．

　定名詞句というのは前方照応的（anaphoric）な性質を持ち（Smith 1964），談話にすでに導入されその存在が確立されている人や物を指すことが多い（Ziv and Cole (1974) および Guéron (1980) は，定名詞句のこのような特徴を指して「完全な指示表現」（complete referring expressions）と呼んでいる）．すでに談話内に登場しているものを指すわけであるから，談話文脈から解釈不可能であるべき提示的焦点として適切でないということは，容易に理解できる．したがって定の名詞句に対する制限は，まず基本的に，その(前方照応的)指示という性質と提示的焦点の談話内指示物導入という機能との不一致によって生じるものとみなすことができる．だとすると，指示的な性質をそなえていない場合であれば，定名詞句であっても外置を許すということが予測できる．次の例を見てみよう．

(49)　a.　Those people whom you want may come.
　　　b.　Those people may come whom you want.
　　　　　　　　　　　　　　　　　　　　　　（Guéron 1980, 668）

外置の起こっていない (49a) では，定名詞句主語の those people whom you want が指示的にも非指示的にも解釈できる．つまり，すでに談話に導入され，話し手にも聞き手にも同定されている人びとを指し示すものとして理解することも可能であるし，談話内の登場人物とは関係なしに「聞き手が望んでいるような人びと」を記述するものとして理解することも可能である．ところが関係節を外置した (49b) では，those people が非指示的にしか解釈されない．定名詞句に指示的（referential）な用法と非指示的・属性的（attributive）な用法を認めるならば（Donnellan 1966），(49b) の定名詞句は属性的なものとしてしか解釈できないということである．これはつまり，同じ定名詞句であっても指示的な読みの場合は外置を

許さず，非指示的・属性的な読みの場合は外置を許すということであるから，定名詞句の指示性の観点から予測されるとおりである．

定名詞句からの外置が許される別の場合として，付加部ではなく補部の外置があげられる．

(50) a. The mayor just called you of a large Eastern city.
b. The destruction was ordered of a new bridge from Italy to Boston.
c. The idea has been around for some time that we should all band together on this problem.　(R & C 1990, 62–63)

このような定冠詞は，名詞が後続する補部によって限定されるためにつけられるものであり，後方照応的（cataphoric）な定冠詞と呼ばれる．このような定冠詞を伴う定名詞句も前方指示的ではないため，外置を許すものとみなせる．

一方これとは逆に，定名詞句が指示性を持ってはいても，提示的焦点としての解釈がある意味で弱められるような状況では，やはり外置が可能となる．たとえば，次のような例における定名詞句の指示物は，談話内にすでに導入されている（したがって話者も聞き手も知っている）と考えられるので指示的ではあるが，外置を許容する．

(51) a. John finally read that book over the summer by Chomsky, you remember, the one you had recommended to him.
　　　　　　　　　　　　　　　　　　　　　　　　(Guéron 1980, 637)
b. That man came into the room that I was telling you about.
　　　　　　　　　　　　　　　　　　　　　　　　(R & C 1990, 60)

これら定名詞句は，談話に新たに導入されるという意味での厳密な提示的焦点とは解釈できないが，いま現在の談話の一部分となっていなかったものを，話者が聞き手の想起（recall）を促すために改めて導入し，「再提示」したものとみなすことができる．聞き手の注意・意識に上らされるという意味で「新しい」と言えるような情報，再提示的焦点である．外置文がこのように再提示的に解釈されるような場合（つまり純粋な提示的焦点

解釈が弱い場合)は,提示的焦点の機能と定名詞句の指示性との間の不一致が緩和され,定名詞句も許容されるものと考えられる.

また,定名詞句からの外置を含む文は,外置された要素内に対比強勢が置かれると容認度が高くなるとされる.

(52) a. The guy just came in that I met at TRENO'S yesterday.
(Huck and Na 1990, 54)
b. Did you read the book by Simpson we were assigned over the vacation? — No, but I read that book during the vacation which was written by CHOMSKY. (*ibid.*)
c. Ralph knew that one of the two men in the photograph was his benefactor. He had seen the bearded one before, but as it turned out, the man gave Ralph the fortune who he had NEVER seen before. (Wittenburg 1987, 442)

たとえば (52a) は,Andrea's で会った男と Treno's で会った男の話をしていたところ,その2人のうちの1人が入ってきた,というような対比的な状況における発話としては許容されるという (cf. (45b)). このような定名詞句も指示性を持つものと考えられるのであるが,(52a–c) のような文は,外置要素(およびその先行詞)が提示的焦点としてだけではなく,対比的 (contrastive) な焦点としても機能するという点で,提示的焦点解釈が弱いものと言える.したがって,やはり定名詞句の指示性との間に不一致を生じない.(対比的焦点は定性に関する制限を持たない.分裂文の対比焦点的解釈については第5章参照.)

次に,不定名詞句の場合を見てみよう.不定冠詞を伴う名詞句であっても,certain や particular のような形容詞がついた場合は外置を許容しない (Guéron 1980, 665).

(53) *A certain / particular book came out by Chomsky.

このような不定名詞句は,「特定的」(specific) な解釈を持つと言われる.Guéron (1980) は,特定的であるということが指示的であるということに関連づけられるとし,指示的定名詞句の場合と同様の説明を与えている

のであるが，はたして上のような不定名詞句が指示的に用いられていると言えるかどうかは明確でない．このことに関連して，次の例を見てみよう．

(54) a. *Every review appeared of "Jabberwocky."
b. *Each review appeared of this outrageous opera.
c. *Most men arrived who were from Bisbee.

Diesing (1992, 75, 144, n. 23) によれば，every, each, most などの決定詞を伴う不定名詞句からの外置は，many, several, some などの決定詞を伴う不定名詞句からの外置に比べて，きわめて容認度が低いという．前者のような決定詞は強決定詞 (strong determiner) と呼ばれ，後者は弱決定詞 (weak determiner) と呼ばれる (Milsark 1977)．強決定詞を持つ不定名詞句が「特定的」と呼べるかどうかは定かではないが，これらを完全な指示表現とみなすことは妥当ではないであろう．だとすると (Guéron の主張に反し) 不定名詞句に関しては，定名詞句の場合とは異なる説明が必要になる．

　Diesing は強決定詞と弱決定詞の違いを，それがつく名詞句の指示物の存在を前提とするか否かという，「前提性」(presuppositionality) の有無に結びつけている (Lumsden (1988, ch. 3) も参照)．強決定詞は常に前提性を持つが，弱決定詞は前提性を持たない場合もある．この区別に基づくならば，「前提性を持つ不定名詞句からの外置は不可能」という一般化を立てることができる．不定名詞句が前提性を持つということは，その指示物の存在が話し手と聞き手の間であらかじめ了解されているというふうに理解することができるので，外置文の提示的焦点解釈と相容れないことは明らかであろう．先の (53) では強決定詞が用いられているわけではないが，certain は前提性の解釈を引き起こすため (Diesing 1992, 98; Jackendoff 1972, 287)，この一般化に従うものとみなせる．さらなる例として，次のようなものを加えてもよいかもしれない (Ziv and Cole 1974, 777)．

(55) a. *A boy was here, whom I had never seen before.

b. *A boy was kissing Mary, whom I had never seen before.

同格関係節(appositive relative clauses)(非制限関係節)の外置は,不定名詞句からであっても禁じられるのであるが,同格関係節は一般に「特定的」な名詞句につく(Smith 1964; Quirk et al. 1985, 1241),つまり前提性を持つ名詞句につくことから,やはり上記一般化によって説明できる.(前提性は指示性と密接に関わる概念と考えられるが,ここでは一応両者を別物とみなしておく.)

以上見てきたように,外置に対する「定制限」というのは,「定名詞句からの外置は不可能,不定名詞句からの外置は可能」というような単純なものではなく,名詞句の定性に加え,前方照応指示性,対比性,前提性(特定性)などさまざまな要因が,外置文の提示的焦点解釈と複雑に絡み合って生じる現象であると言うことができよう.

ところで,これら諸要因は意味的・談話語用論的な性質のものであるが,Wittenburg(1987)は,文の処理(processing)の複雑度という要因も関与すると主張している.その根拠として,定制限による容認度の低さには段階性が見られるという点があげられている.定名詞句からの外置を含む文の容認度は,名詞句と外置要素の間に介在する要素が多くなればなるほど(したがってその処理が困難になればなるほど)低くなるという.

(56) a. The man won that had never played lotto before.
 b. ?The man won a million dollars that had never played lotto before.
 c. ??The man gave Ralph a million dollars who he had never seen before. (ただし(52c)参照)

(Wittenburg 1987, 439)

これら文では,同じ定名詞句から(同じ文脈的条件のもとで)関係節が外置されているわけであるから,容認度の差を引き起こしているのは,途中に介在する要素の長さ,そしてその処理負担の度合いであると考えられるのである.外置される要素の「重さ」も,容認度に影響を及ぼすようである.

(57) a. *That book was published about linguistics.　(=(48b))
   b. That book was finally published about the latest trends in linguistics in the U.K.　　（Wittenburg 1987, 439）

このように外置文の容認度は，意味・語用論的な要因ばかりでなく，要素の長さ・複雑さといった形式的な要因にも左右される．Wittenburg は，談話表示理論（Discourse Representation Theory）における談話表示構造の構成という，意味的な処理過程を主に問題としているのであるが，純粋に統語的・形式的な処理の考慮も，外置文，そして右方移動構文全般の性質に関わるところが大きいと思われる（⇒ 3.4.2）．

3.3.2　定制限の構文間差

外置文には「定制限」が比較的強く見られるが，提示的 there 構文や場所句倒置構文では，この制限がほとんど働かないとされる（Milsark 1979, 248; Rochemont 1986, 196, fn. 109; Quirk et al. 1985, 1409–1410; Coopmans 1989, 748; etc.）．特に後者は，「重く」ない定名詞句や固有名詞も自由に認めるという点で，定性に関してまったく無制限と言える．したがって，同じ提示的焦点解釈を含む構文間にも，大きな違いがあるということになる．この理由としては，各構文に関わる右方移動の性質や制限修飾の有無など，いくつかの要因が考えられるが，ここでは前節での考察をふまえ，提示的焦点解釈の違いの可能性ということにふれておく．

上で，外置要素（およびそれと結びつく名詞句）が対比性を持つ場合，つまり提示的焦点が対比的焦点としての性質も担うような場合には，定制限が働かないということを見た（(52)）．対比的焦点解釈は分裂文・擬似分裂文の焦点の特徴であるが（⇒ 5.1; 5.2），対比的焦点はかならずしも談話内で初めて言及されるものであるとは限らない（文脈から解釈可能であってもよい）ので，一般に定制限が関与しない．提示的 there 構文や場所句倒置構文が定制限を受けないということは，これら構文の焦点に，この対比的焦点としての性質がそなわっているためと考えられるのではないかと思われる．実際，これら構文と分裂文との類似を示唆する記述は，文献に

も散見される．たとえば Guéron (1980, 670, fn. 59) は，提示的 there 構文が存在文と異なり焦点化 (focalization) の働きを含むとし，(58a) に対し (58b) のような論理形式を与えている．

(58) a. There sat on the lawn a huge bulldog.
   b. x (SAT x on the lawn) = a huge bulldog

(58b) は第5章で考察する分裂文意味表示に酷似するものであるが，この"="が変項 (variable) の値の指定 (⇒ 5.2.1) ということを意味するものであるなら，つまり「(他の何ものでもなく)大きなブルドッグ」という解釈を表すものなら，提示的 there 構文の焦点は提示的であるだけでなく，対比的焦点としての性格もあわせ持っていると考えることができるであろう．また Rochemont (1978, 25, 28) は，(59a, b) のような場所句倒置構文が，それぞれ (60a, b) のような分裂文によって適切にパラフレーズされると指摘している．

(59) a. Out of the house walked John.
   b. Near him sat John.
(60) a. It was John that walked out of the house.
   b. It was John that sat near him.

そうだとすると，場所句倒置構文の焦点は分裂文の焦点と共通の性質を持っているということであり，したがって対比的焦点としても解釈されうるということになる．これら構文が対比性をそなえているということは，対比を明確に表す構成素否定が問題なく許容されるということからも支持されるかもしれない．

(61) a. On the wall hangs not a picture of US Grant but one of Jefferson Davis.
   b. There ran into our campsite not a grizzly bear but a panda bear.　　　　　　　　　　　　　　(Aissen 1975, 9)

もしこのような解釈が成り立つならば，焦点解釈のあり方という観点から定制限の構文間差を理解していけるかもしれない．

3.4 右方移動と文処理

　要素の右方への移動(配置)は，焦点という談話語用論的な働きに関連するところが大きいのであるが，その全体像を理解するには，要素の長さや複雑さ(「重さ」(heaviness))といった文処理上の要因，とりわけ統語解析(syntactic parsing)の効率性も見逃すことができない．本節では右方移動構文を，その処理という観点から考察してみる．

3.4.1 文法と文体と統語解析

　長く重く複雑な要素が，(文法的に定められた基本語順に違反して)文の後方に現れる傾向にあることは古くから注意されてきており，伝統英文法・学校英文法の中でも，「頭でっかち(top-heavy)な文は英語では好まれない」とか「文頭に長い要素があるとバランスが悪い」などのような発言が見られる．たしかに，右方移動構文が文体的考慮に関連しているということは否定できないかもしれないが，しかしこのような文体的観点に基づく考慮はどれも漠然とした直観レベルの言い方に留まっており，客観的に検証可能な形では定式化されていないため，右方移動の適用可否について何の制限も予測もしない．

　たとえば Langacker (1974) は，右方移動規則を文体的な後位規則(backing rule)と呼び，要素を特定の目的地へと移動させるという肯定的な機能は持たず，文中の邪魔な要素を退かすという否定的な機能だけを果たすものとみなしている (McCawley (1988, 511–512) も参照)．だが，邪魔なものは何でもいつでも文末へと退かせるのかというと，そうではないであろうし，そもそも何がなぜ邪魔なのかが特定されねばならない．つまり文体的観点からの説明では，いつどのような要素が移動されえ，またはされえないのかが，まったく話者の主観に託されてしまうのである．より客観的な観点から右方移動の可否を論じるには，検証可能な移動基準が必要となる．

　Hawkins (1990; 1993; 1994; 1998) の展開する統語解析理論は，こうした客観性・検証可能性をそなえたものであり，右方移動がどのような場

合に行われるかを，かなりの確度でもって予測する．根本にある直観は，「重い要素が文頭・文中にあると文の処理が難しくなる」という単純素朴なもの（Bever（1970），Kimball（1973），Kuno（1974），Grosu and Thompson（1977），Frazier（1985）なども参照）であるが，Hawkinsはこれを「早期直接構成素の原則」という，形式的な，数量化可能な解析原理の形で明確化している．

3.4.2　右方移動の処理上の動機：早期直接構成素の原則

　我々が文を理解する際にはさまざまなレベルの処理過程が含まれるが，そのうちの1つに，統語解析つまり文の統語構造の復元がある．これは左から右へと順次入力されてくる語の連鎖を，句構造標識（phrase marker），すなわち語や句の構造表示へと変換する過程とみなせる．したがって統語解析の過程では，どの語とどの語がまとまり・構成素（constituent）を成し，どのまとまりがどのまとまりを(直接)支配しているのかという，階層関係に関わる情報を得ることが重要となる．この「構成素性」および「直接支配関係」に関する情報がどれだけ効率よく得られるかということは，文中の語の線形順序に大きく左右される．言い換えれば，階層情報を得やすくする語順とそうでない語順があるということである．文の理解がスムーズに行われるためには，当然，階層情報を効率よく得られる語順が好ましい．では，その好ましい語順とはどのような語順だろうか．Hawkinsによれば，これは「直接構成素・単語比」の概念に基づいて規定される．

　ある単語(語彙範疇)が入力されればそれを直接支配する節点(これを母節点（mother node）と言う)を唯一的に決定できるという場合，その範疇は母節点構築範疇（mother node constructing category）と呼ばれる．たとえば，名詞を見れば名詞句がその母節点として構築できるので，名詞は母節点構築範疇の1つである．同様に，動詞を見れば動詞句が構築できるので，動詞も母節点構築範疇である．（母節点構築範疇は主要部の概念と重なる部分が多いが，両者は別の概念である．詳しくはHawkins（1993）参照．）ある節点(構成素)が直接支配している構成素を，その節点の直接

構成素 (immediate constituent) と言う．たとえば，名詞句の直接構成素は決定詞と名詞と前置詞句である，という具合である．直接構成素・単語比は，句の直接構成素数を，それらすべてを認識するのに必要となる単語 (母節点構築範疇以外も含む) の数で割り，百分率を求めることによって算定される．2つの直接構成素を認識するのに2語しか必要でないなら，比は 2/2 で 100% であるが，10 語必要だとすると，2/10 で 20% となる．比が大きければ大きいほど，少ない単語でもって直接構成素が認識できることになる．つまり，解析の効率性はこの比によって数値化される．

以上に基づいて，次のような原則を立てることができる．

(62) 統語解析にとっては，直接構成素・単語比ができるかぎり大きくなるような語順が好ましい．

比の大きい語順とはつまり，統語解析過程の早い段階で直接構成素の認識を可能とする語順である．この原則を「早期直接構成素の原則」(the principle of Early Immediate Constituents) と呼ぶ．

早期直接構成素の原則がどのように機能するかを，重名詞句転移を例として見てみよう．次の例において，動詞句の直接構成素はそれぞれどのように認識されるであろうか．

(63) a. I vp[gave np[the valuable book that was extremely difficult
　　　　　　　1　　2　　3　　　4　　　5　　6　　　7　　　　8
to find] pp[to Mary]]
 9　10　　11
b. I vp[gave pp[to Mary] np[the valuable book that was
　　　　　1　　　2　　3　　　　4
extremely difficult to find]]

どちらの場合も動詞句の直接構成素は，動詞，重名詞句，前置詞句の3つであり，これらはそれぞれ，gave, the, to という母節点構築範疇を見ることによって認識される．重名詞句が転移されない (63a) の場合は，これら3構成素をすべて認識するためには，左から右へと (gave から to までの) 合計 11 の単語を見ていかなければならない．したがってこの場合，動

詞句の直接構成素・単語比は3/11, つまり27.3% という数値で表される. 一方, (63b) のように重名詞句転移が行われた場合は, 同じ 3 つの構成素を認識するのに見る必要があるのは gave, to, Mary, the の4語だけであり, 直接構成素・単語比は 3/4, つまり 75% となる. 重名詞句が通常どおり動詞の直後に置かれた場合と右方に転移された場合とでは, 解析の効率性に大きな違いのあることが数量化されて明確に示されている. こうした観点から見てみると, 重名詞句転移というのは, 早期直接構成素の原則に従って長い構成素を後ろに移動し, 解析の効率を高めるための操作であるとみなすことができる. 右方移動が, 「焦点化」ではなく「統語解析の効率化」という働きに結びつけて理解されるわけである.

長い構成素が文末に移動すればいつでも解析の効率が上がるかというと, そうではない. 上の例における前置詞句が Mary という 1 語の名詞ではなく, たとえば a lovely little American girl in a short white skirt のように 10 語からなる長い名詞句を含んでいる場合は, 重名詞句転移が起こらないほうが直接構成素・単語比が高い.

(64) a. I $_{VP}$[gave $_{NP}$[the valuable book that was extremely difficult
    1 2 3 4 5 6   7   8
to find] $_{PP}$[to a lovely little American girl in a short white
9 10 11
skirt]]   （直接構成素・単語比 = 27.3%）
b. I $_{VP}$[gave $_{PP}$[to a lovely little American girl in a short white
     1   2 3 4 5   6   7 8 9 10 11
skirt] $_{NP}$[the valuable book that was extremely difficult to
   12   13
find]]   （直接構成素・単語比 = 23.1%）

重名詞句転移に課せられる「重さ」の制約は絶対的なものではなく, 転移される名詞句の長さと飛び越される要素の長さとの間で, 相対的に決められるものである (Fiengo 1977, 48; Huddleston and Pullum 2002, 1383). いくら長くて複雑な名詞句であっても, その後ろにさらに長くて複雑な要素がある場合は, それを飛び越して転移すべき理由がない. 早期直接構成

素の原則は，こうした事実もうまく説明できる．

　重名詞句転移に関しては，このように解析の効率性の考慮が大きく影響していると考えられるのであるが，提示的 there 構文，場所句倒置構文，主語名詞句からの前置詞句外置文など，他の右方移動構文に関しても重さの制限が観察される．

(65) a. ?*There hung on the wall the picture.
　　　b. There hung on the wall the picture of Marx that Lenin had commissioned from Cezanne.　　（Green 1985, 128）
(66) a. ?Next to the fireplace was standing a man.
　　　b. Next to the fireplace was standing a pleasant looking older man.　　（Rochemont 1986, 120）
(67) a. *That book was published about linguistics.
　　　b. That book was finally published about the latest trends in linguistics in the U. K.　（=(57)）

また前にあげた次のような例も，やはり重さの制限という観点から理解できるかもしれない．

(68) a. *There stood before him it.　（=(11a)）
　　　b. *Down the hill rolled it.　（=(11b)）
　　　c. ?*An analysis will be necessary of it.　（=(12a)）

これらの例において文末の「軽い」要素は，（本来その右に現れるはずの）より重い前置詞句などの要素をさしおいて右方へ移動・配置されており，「重い要素を右に(そして軽い要素を左に)置く」という傾向に明らかに反している．このような例が，すべて早期直接構成素の原則によって説明されるかどうかは明確ではないが，右方移動構文の広範囲にわたって，処理上の要因が何らかの形で関与することをうかがわせるものと言えよう．

　このように，右方移動構文の理解には，文処理・統語解析の要因が大きく関わっていると考えられるわけであるが，これはもちろん，談話・語用論的要因の関与を無効にするものではない．むしろ(68)のような事実が，

「構造的な重さ」の観点からも「情報的な重さ」(提示的焦点)の観点からも理解されうるということから，両者には密接な重なり合いのあることが見てとれる．実際，長く複雑な要素というのはそれだけ情報量も多く，逆に軽い要素は情報量も少ないことが多い．構造的重量と情報量とは，多くの場合正比例すると言ってもよい (Givón 1988; Huddleston and Pullum 2002, 1371, 1383–1384; cf. Lakoff and Johnson 1980, 127)．右方移動に関わる処理要因と談話要因は，いずれが正しいかという二者択一的な観点から捉えられるものではなく，いずれも重要な説明要因として連係のうちに考察されるべきものである．

3.4.3　右方移動の制約：曖昧性と解釈可能性

前節での考察は，右方移動の適用可能性が，統語解析の効率性を高めるか否かという観点から決定される部分があるということを示すものであるが，移動後の文が曖昧であるか否か，適切に解釈できるか否かという意味的な処理の考慮も，移動の可能性に影響する場合がある．次の例を見てみよう (Newmeyer 1986, 121)．

(69) a.　A woman that was pregnant took the job.
　　 b.　A woman took the job that was pregnant.
(70) a.　A woman that was attractive took the job.
　　 b.　A woman took the job that was attractive.

どちらも関係節の外置を含む例であるが，(69)では，(a)と(b)がパラフレーズの関係にある(同じ真理条件を持つ)と解釈されるのに対し，(70)の(a)と(b)は，意味が異なると解釈される．(69)のように that was pregnant という関係節が外置された場合，その先行詞は妊娠しうる指示物(つまり女性)を表すものでなければならないため，the job ではなく a woman が先行詞として解釈される．ところが(70)の that was attractive のような，指示対象をあまり限定しないような関係節が外置された場合は，the job と a woman のどちらもが先行詞になる可能性がある．通常は直前にある(そして構造的により低い位置にある) the job のほうが先行詞として

選ばれるため (Kimball 1973, 25), (70a) と (70b) は同義ではないと解釈されるのである. (70b) は外置文として理解されないわけであるから, つまり (70a) からの外置が許されないということである (Huddleston and Pullum (2002, 1066) も参照). なお次例では, 外置関係節が直前の名詞句を先行詞とすることができないため, 非文と判断されている.

(71) *A man married my sister who had castrated himself.
(Hankamer 1973, 53)

外置文として解釈できるか否か, つまり外置が可能であるか否かは, このように曖昧性・解釈可能性の考慮によっても左右されるのである (Jackendoff and Culicover (1971, 405), Gazdar (1981, 177–178), Frazier and Clifton (1996, ch. 5) なども参照).

重名詞句転移に関しても, 曖昧性の考慮がその適用可能性を決める場合がある. 二重目的語構文の間接目的語は, たとえ重い場合でも転移されない ($\Rightarrow$ 2.3.2).

(72) a. *I loaned my binoculars a man who was watching the race.
(Ross 1986, 40)
b. *The IRS sent an invitation to an audit the recently elected President.　(Culicover and Wexler 1977, 21)
c. *I gave some money the man who was begging outside the bus station.　(Fodor 1984, 115)
d. *They gave a special prize anyone who scored over 90%.
(Huddleston and Pullum 2002, 1384)

二重目的語構文では, 動詞の後ろに名詞句が2つ隣り合って並ぶため, 転移が起こるとそれらの直接・間接目的語としての解釈が曖昧になる. その結果, 適切な解釈がしにくくなるので, 間接目的語重名詞句の転移は阻止されてしまうと考えられる (Fodor (1978) の「隣接同形構成素に対する摘出制約」(XX Extraction Constraint) 参照. なお, 間接目的語は分裂文化も受けない. $\Rightarrow$ 4.3.1). 次の各 (b) の文の悪さも, 同様の理由による (Hankamer 1973, 53–54).

(73) a. I call anyone who risks losing what he has to gain what he doesn't need a gambler.
　　 b. *I call a gambler anyone who risks losing what he has to gain what he doesn't need.
(74) a. We will designate the class consisting of the maxima of all the ordered sets the *master*.
　　 b. *We will designate the *master* the class consisting of the maxima of all the ordered sets.

曖昧性の有無，解釈可能性というのも文の処理に関わる要因ではあるが，統語解析の効率化(とりわけ早期直接構成素の原則)が右方移動のいわば「動機」を与えるものであるのと違い，解釈可能性の考慮は出力フィルター的なものであり，(動機づけられた)右方移動のうちのあるものを排除するという「制約」(constraint)としての働きを持つ．なお，右方移動に対する統語的な制約として，局所性の制約(「右屋根の制約」(⇒ 2.2.3))がよく知られているが，これは右方移動によって作り出される充填子・空所依存関係(filler-gap dependency)の解釈の可能性に関する処理上の制約と捉えることもできるかもしれない(Fodor 1979, 266; Rochemont 1992; Alphonce and Davis 1997; etc.)．右方移動に関わる要因は，したがって，次のようにまとめられよう．

(75) (ⅰ) 機能的動機づけ：　提示的焦点化および解析効率
　　 (ⅱ) 制約・フィルター：　解釈可能性および局所性

ここからわかるとおり，右方移動構文には生成・制限の両面において，意味・談話的および処理的な要因が密接に関わり合いながら作用していると言える．

第4章　分裂文の統語論

4.1　概観：類似構文との相違

英語では文中のある要素を特に際立たせるために，(1) や (2) のような構文枠が用いられる．

(1) a. It was [the tone of his voice] that surprised me.
b. It was [a lack of money, not effort], that defeated their plan.
c. It's [the lemon meringue pie] that she disliked.
d. It is [with deep regret] that I accept your resignation.
e. It was [during this period] that Bush honed his diplomatic skills.

(2) a. What you need is [some strong black coffee].
b. What she remembered most was [the sad expression in his eyes].
c. What the crisis has done is [to jar rich nations into realizing their risk if war breaks out].
d. What surprised me the most was [that she didn't seem to care].
e. What matters is [how the food tastes, not how it looks].

角括弧 [　] でくくられた要素は，話し手(書き手)が聞き手(読み手)に特に注目してもらいたいと考えている部分であり，特定の構文的位置に置かれることにより，強調ないしは焦点化されている．(1) や (2) は焦点を統語的に明示するための構文と考えられ，一般に前者を分裂文 (cleft sentence), 後者を擬似分裂文 (pseudo-cleft sentence) と呼ぶ. これらを「分裂」文と言うのは, 通常の文が 2 つの部分に裂かれていると考えることができるからである (cleft は本来 cleave「裂く」の過去分詞形). たとえば (1a) では, The tone of his voice surprised me. という文が主語と述語の 2 つに裂かれ, It was ... that ... という構文枠にはめ込まれていると見ることができる. 同様に (2a) では You need some strong black coffee. という文が, 「主語+動詞」と目的語の 2 つに裂かれて What ... is ... という枠に配されたものとみなせる. ただし次節で見るように, この「分裂」という言い方はあくまでも, この構文を記述する際の比喩的な通称であり, 「裂く」という過程がかならずしも文法的に実現されるわけではない (⇒ 4.2).

　分裂文・擬似分裂文は, 焦点解釈明示機能を有する特殊な構文型であり, 独特の統語的性質を示す. しかし表面的に見るかぎり, それぞれ (3), (4) に示すような語・句の配列パタンを持つため, 他の構文との相違がさほど明確でない場合もある. (ここでは焦点構成素を XP [+ F] と表記しておく (⇒ 1.1; 4.3.1). また, 分裂文の that 節は付加節 ('annex' clause) と呼ばれることもあるが (Quirk et al. 1985, 1387), 以下では単に「分裂節」(cleft clause) と呼ぶ.)

(3) 分裂文:　　　It⌢be⌢XP [+ F]⌢that-clause
(4) 擬似分裂文:　What-clause⌢be⌢XP [+ F]

この節では, 分裂文・擬似分裂文が, 一見類似した構文(あるいは同音異義的 (homophonous) な構文)とどのような違いを持つものであるかを概観し, その独特の構文的地位を確認しておこう.

4.1.1　分裂文と類似構文

　まず分裂文のほうから見ていこう. 比較の対象となる類似構文として, it 外置文, 関係節構文, およびある種の諺などに見られる構文の 3 つを考える. 分裂文では主語として it が現れ, 動詞 be (連結詞 (copula)) の直後に焦点となる構成素が続き, 最後に that 節がくるわけであるが, こう

した要素の表面的な並び方に関するかぎり，次の (5) の各例は (3) の構文パタンに合致しているように見える．

(5) a. It is a well-known fact that smoking can cause lung cancer.
  b. It is a tragedy that so many young people are unable to find jobs.
  c. It is my belief that racism remains widespread in British society.
  d. It was a great disappointment that my marriage didn't work.
  e. It is a pity that Jan and George can't make it to the party.

しかし (5) のような文は，it を形式主語とする外置構文 (it 外置文) であり，分裂文とは次の 2 つの点において決定的に異なっている (cf. Baker 1989, 374–375)．第一に，it 外置文の that 節 (外置節 (extraposed clause)) は主語の位置に置き換えることができるが，分裂節はそれができない．たとえば (5a) は，That smoking can cause lung cancer is a well-known fact. のようにすることが可能だが，(1a) を *That surprised me was the tone of his voice. のようにすることはできない．表面上同じ位置にあっても，分裂節は外置節と違って主語の働きを持たないのである．第二に，外置節は空所 (gap) を含まないが，分裂節は焦点構成素に対応する空所を含む．したがって (6b) のように，分裂節はそれだけでは文として自立せず，また，(7) のように空所位置が何らかの構成素で埋まっている場合には非文になる．

(6) a. Smoking can cause lung cancer.
  b. *Surprised me.
(7) a. *It was the tone of his voice that it surprised me.
  b. *It was baseball that they discussed the Red Sox for hours.
      (Browning 1991, 27)
  c. ??It was John that I couldn't remember whether he was a good athlete or not. (*ibid.*, 28)

この 2 点から，分裂文は it 外置文とは異なる構文であることがわかる．

分裂節は that だけでなく，ある種の wh 語に導かれる場合もある．このため分裂節は関係節とみなされる（分裂関係節などと呼ばれる）こともあり，実際次のような例は，関係節構文としても分裂文としても解釈できる（Huddleston and Pullum 2002, 1416; 以下，H & P 2002 と略記）．

（8） It's the director who was sacked.

この文は，たとえば Who's that talking to the police? への答えという文脈ならば関係節構文として，I hear that they sacked the secretary. という文の後という文脈ならば分裂文として解釈される．これら2つの解釈は，音調上容易に区別されうる（関係節構文ならば sacked に，分裂文ならば director にそれぞれ中核強勢が置かれる）ものであるが，統語法上の違いは一見したところわかりにくい．しかし実際には，分裂節（と焦点構成素の関係）と関係節（と先行詞の関係）の間には，さまざまな点で違いが見られる．以下に，それらをいくつかまとめてみよう．

(i) 関係節の先行詞は普通名詞を中心とする句のみであるが，分裂文の焦点構成素はそれ以外にも，固有名詞や代名詞，前置詞句，副詞節など幅が広い（⇒ 4.3.1）．

(ii) 節内の空所が主語に相当する場合，関係節の関係代名詞は省略できないが，分裂節の that は（インフォーマルな文体で）省略できる（Quirk et al. 1985, 1250, 1387; Huddleston 1984, 460; Huddleston 1988, 186; Declerck 1991, 548; H & P 2002, 1055）．

（9） a. *The table ＿ stands in the corner has a broken leg.
　　　b. *The man ＿ stands over there I know.
　　　　　　　　　　　　　　　　（Quirk et al. 1985, 1250）
（10） a. It's Simon ＿ did it.　　　　　　（ibid., 1250）
　　　b. It was the President himself ＿ spoke to me.
　　　　　　　　　　　　　　　　（ibid., 1387）
　　　c. It was only our relentless efforts ＿ made success possible.
　　　　　　　　　　　　　　　　（Declerck 1991, 548）

d. ?It was my father __ did most of the talking.

(H & P 2002, 1055)

(iii) 先行詞が定 (definite) であっても，関係節内の空所は不定名詞句の生じる位置に対応しうるが，焦点構成素が定ならば分裂節内の空所も定の扱いとなる (Browning 1991, 56)．

(11) a. The men that there were __ in the garden were all diplomats.
   (cf. *There were the men in the garden.)
 b. The question that John had __ for the teacher was a difficult one.
   (cf. *John had the question for the teacher.)
 c. The headway that we made __ on that problem was not sufficient.
   (cf. *We made the headway on that problem.)

(12) a. *It was the men that there were __ in the garden.
 b. *It was the question that John had __ for the teacher.
 c. *It was the headway that we made __ on that problem.

(iv) 先行詞と関係節は挿入句 (parenthetical) で分離されることはないが，焦点構成素と分裂節は容易に分離されうる．(ただし先行詞が何らかの形で量化されているような場合は，関係節も分離可能である．cf. McCawley 1988, 427–428, 450.)

(13) a. *Fred was just talking to the person incidentally who asked John for help.
 b. *Dorothy arrived on the day of course when I was in Toledo.

(14) a. It was Fred, incidentally, who asked John for help.
 b. It was Wednesday, of course, when I was in Toledo.

(v) 分裂節を導く要素としては who / whom / whose も用いられるが，主に that およびゼロ形が好まれる (Quirk et al. 1985, 1387; Huddleston 1988, 186; Baker 1989, 377–378)．また先行詞が無生物である場合，関係節が which で導かれることは普通だが，焦点構成素が無生物であって

も(特にそれが主語以外の場合は)分裂節を導くのに which が用いられるのはあまり普通でないし,「前置詞＋whom / which」のような形が用いられることもない (Rochemont 1986, 165–166; Declerck 1991, 543).

　このような数多くの相違が見られることから,分裂文と関係節構文を同一視することは誤りであり,両者は統語的に別種のものであると結論づけることができる(他の相違点については Declerck (1988a, 152, fn. 4) も参照).

　最後にもう一種,分裂文と類似した構文を見ておこう.(15)のような分裂文に酷似した文が,諺(あるいは諺的な言い方)として用いられることがある.

(15) a. It's a long lane that has no turning.
　　　b. It is a poor heart that never rejoices.
　　　c. It's an ill wind that blows nobody good.
　　　d. It is an ill bird that fouls its own nest.
　　　e. It's a wise child that knows its own father.
　　　f. It's a fortunate man that will find the fountain of youth.

このような文は,「諺的分裂文」('proverbial' *it*-cleft) と呼ばれることがあるが (Prince 1978, 905),構文上どのような構造を持つものであるか定かではない.しかし少なくとも解釈のうえでは,分裂文と大きく異なる (Declerck 1988a, 151–157).たとえば (15a) は,A long lane has no turning. (「長い道には曲がり角がない」)に対応する分裂文というのではなく,that 節を通常の制限関係節として A lane that has no turning is a long lane. (「曲がり角のない道は長い道だ」)のようにパラフレーズされる意味を持つ (H & P 2002, 1417).不定名詞句を先行詞とする制限関係節は,条件節に似た解釈を与えられることがあるが,これが諺的分裂文の特異な解釈を生み出していると考えられる(「もし曲がり角がないとしたら,それは長い道だ」→「曲がり角のない道などない」→「どんなに長い道にも曲がり角はある」(＝「待てば海路の日和あり」)).一般的に言うと,この種の諺文は条件節的解釈から反語的解釈を経て,全称(否定)量化の解釈を持つと言えよ

う．このような文における be 動詞は，性質帰属的（attributive / ascriptive）ないしは叙述的（predicational）な働きを持つものであり，分裂文の特徴である指定的（specificational）な働き（⇒ 5.2.1）とは異なる．

以上の検討から明らかなとおり，分裂文は，it 外置文・関係節構文・諺文のどれとも異なる独自の構文的地位を持つものと言える．特に末尾に現れる分裂節は，it に置き換わりうる主語（外置節）でもなく，また直前の焦点構成要素を先行詞とする制限関係節でもないという点で，独自の統語的地位を持った節要素であると考えられる．

4.1.2 擬似分裂文と類似構文

次に擬似分裂文を考えてみよう．擬似分裂文は(4)の構文型に見るとおり，what 節を主語とし，焦点構成要素を補語とする連結詞構文である．分裂文に比べて構造的なまぎらわしさは少ないが，主語の what 節は自由関係節（free relative clause）であって，次のような疑問詞の what を先頭に持つ間接疑問節と混同しないよう注意しなければならない．

(16)　What we can do to stop them is the question we ought to be addressing.　　　　　　　　　(H & P 2002, 1421)

ここで question とされているのは，「我々がなしうること」ではなく「我々が何をなしうるか」であるから，主語の what 節は間接疑問節であり，それゆえ (16) は擬似分裂文ではないのである．一般に疑問節は，さまざまな wh 語(を含む句)や whether を先頭に持ちうるが，擬似分裂文の主語は (17) に見るとおり，what 以外の wh 語には普通導かれない．

(17)　a.　%Who John was talking to is Alice.
　　　b.　%Where John drove the truck is to Cleveland.
　　　c.　%Why John yelled at you is because he was tired.
　　　d.　%How Marge handled the sulfuric acid was very carefully.
　　　e.　*Why I stopped you was for a good reason.
　　　f.　*How long his speech lasted was for two hours.
　　　　　　　　　　　　　　　　(McCawley 1988, 59–60)

"%"の印が示すように、このような文の容認性には個人差・方言差が見られるようであるが(たとえばAkmajian (1970) 参照)、特に (17a) のようなwhoを含む文は非文とされることが多く、代わりにthe one (who)...やthe person (who)...の形が用いられる (Huddleston 1984, 463; Declerck 1991, 537)。ただし、主語と補語を転倒した形でならwhoも認められる場合があり、また他のwh語も容認されやすくなる。(なおすぐ後で見るように、転倒可能性は擬似分裂文の1つの特徴である。)

(18) a. That's who I meant.　　　　(Huddleston 1984, 463)
　　　b. (?) The police chief was who I meant.
　　　　　　　　　　　　　　　　　(Quirk et al. 1985, 1388)
　　　c. John is who I saw.　　　　(Prince 1978, 905)
(19) a. Here is where the accident took place.
　　　b. (In) Autumn is when the countryside is most beautiful.
　　　c. To see Colin was (the reason) why Jake went to London on Tuesday.　　　　　　　　　(Swan 1995^2, 115)

ちなみに、Akmajian (1970, 162) は次のいずれの例も認めるが、(20a) がある場所の位置を表すのに対し、(20b) はJohnの位置を表すという点で意味が異なると言う。

(20) a. The place where John was was in the garden.
　　　b. Where John was was in the garden.

このような場合whereに導かれた自由関係節は、the placeのような明示的な先行詞がある場合とは異なる独自の意味を担うので、その意味的貢献のゆえに容認されやすくなると考えられるかもしれない。

　擬似分裂文の主語となる自由関係節は、先行詞を内包した(あるいは先行詞と融合 (fuse) した)関係節であるが、ほぼ同じ意味はthe thing (that)...やall (that)...のような明示的先行詞を持つ関係節によっても表すことができ、これらを主語とする文も擬似分裂文と呼ばれる場合がある。

(21) a. All he needs is a little discipline.

    b. The thing he needs is a little discipline.
    c. One of the things he needs is a little discipline.

（21）の諸例も意味的には What he needs is a little discipline. とほぼ等価であり，これら多数のパラフレーズの存在を考えれば，いわゆる「擬似分裂文」というのは，ある種の連結詞構文の主語がたまたま自由関係節である場合を指す呼び名にすぎないと言えよう（Huddleston 1988, 188; Baker 1989, 367）．

　いま「ある種の連結詞構文」と言ったのは，自由関係節を主語とする連結詞構文がかならずしも擬似分裂文であるわけではないからである．分裂文について上でふれたのと同様，擬似分裂文の連結詞（be 動詞）も指定的な働きを持つものである（⇒ 5.2.1）．次のような対を見てみよう（Baker 1989, 369）．

（22） a. What John enjoys is making himself sick.
        b. What John enjoys is making him sick.

どちらも（4）のパタンに合致し，ほとんど同じ形をしているようだが，これら 2 文は統語的に大きく異なっている．（22a）は概略，"what John enjoys" = "making himself sick" の関係を表す擬似分裂文で，「ジョンが楽しんでいること，それは自分自身を気分悪くすることだ」のような解釈を持つが，（22b）は What John enjoys makes him sick. を進行形にした文であり「ジョンの楽しんでいることが彼を気分悪くさせつつある」のような解釈を持つ．後者の場合，連結詞は指定ではなく叙述の働きを持っており，意味論的に性格が異なるのである．なお擬似分裂文に再帰代名詞が現れるのは，この構文に統語的な連関性（connectedness）——主語節内部の要素と焦点構成素内部の要素の間に何らかの共起関係が成立すること——の性質が見られることを示すものであるが（Higgins 1979; Declerck 1988a, 51–54; H & P 2002, 269–270），（22b）には連関性が見られないことからも擬似分裂文とは異なる構文であることがわかる．次のような対比も，これらの文の違いを明確に示す（Gundel 1977, 546; Declerck 1988a, 62）．

(23) a. What I'm doing is amusing myself.
　　　b. Amusing myself is what I'm doing.
(24) a. What I'm doing is amusing me.
　　　b. *Amusing me is what I'm doing.

擬似分裂文は連結詞を中心として転倒可能 (reversible) であるが，叙述文は転倒できない．なお転倒可能であるため，擬似分裂文の解釈は曖昧になる場合もある．H & P (2002, 268) から例を引く．

(25) a. What he wanted to know was what I told her.
　　　b. What I told her was what he wanted to know.

(25) の例文はいずれも，どちらの what 節を主語とするか補語とするかに関して，2通りの可能性がある．1つは what he wanted to know を主語，what I told her を補語とするもので，「彼が知りたがっていたこと，それは私が彼女に何を話したのかということである」という解釈になる．もう1つは逆に what I told her を主語，what he wanted to know を補語とするもので，「私が彼女に話したこと，それは彼が何を知りたがっていたのかである」という解釈になる．前者の解釈では通常，文強勢が told に，後者の解釈では know に置かれるという点で違いがあるが，いずれの場合でも，主語は自由関係節(そして補語は間接疑問節)として扱われることに変わりはない．

以上，分裂文・擬似分裂文をいくつかの類似構文と比較し，その構文的独自性を確認してきた．表面上の類似にもかかわらず，分裂文・擬似分裂文は他の構文とさまざまな点で違った統語的性質を持つことがわかった．次節ではこうした点もふまえ，分裂文の構造を少し詳しく考えていこう．

4.2　分裂文の派生と句構造

　分裂文も擬似分裂文も，表面的には単純な連結詞構文に見えるが，それらがどのように生成されるかを考えると，そう単純ではないことがわかる．擬似分裂文については比較的問題が少ないと思われるが，分裂文については構成素構造を正確に与えることが容易でなく，これまでに数多くの

構造分析が提出されてきている．本節ではこうした分析の概観を通じ，分裂文・擬似分裂文の妥当な構造を浮かび上がらせることを試みると同時に，その諸特徴をさらに見ていくことにしよう．

　変形文法理論による分析では，分裂文を擬似分裂文から何らかの変形規則によって生成する考えがある．この考えの背後には，単に両者が意味的に等価であるということ（⇒ 5.1.1）に加え，分裂文のほうが擬似分裂文よりも有標の構文であるという見方があると思われる．たしかに，通言語的に見て擬似分裂文（に相当する構文）はすべての言語にあると推定されるのであるが，分裂文（に相当する構文）を持つ言語は（特に SOV 語順を持つものに関して）比較的少ないようである（Harries-Delisle 1978, 436; Givón 1979, 248, fn. 28; Gundel 1988, 227; なお Pinkham and Hankamer (1975, 445) も参照）．より無標，基本的と考えられる擬似分裂文について，まず考えてみよう．

4.2.1　擬似分裂文の構造

　擬似分裂文は，自由関係節を主語とし，焦点構成素を補語とする連結詞構文である．変形文法では根底に非分裂文を想定し，変形規則により焦点構成素を補語の位置へ移動することによって擬似分裂文を派生するという分析がある（たとえば Chomsky (1972, 50–51), Chomsky (1973)）．これは一見すると「分裂」文の名にふさわしい自然な考えのように思えるが，次例に見るとおり，対応する非分裂文を持たない擬似分裂文が存在することから，変形による派生は妥当とは言えない．((26) (27) とも，(a) は H & P (2002, 1422), (b) (c) は Huddleston (1988, 188), (d) (e) は Kajita (1972, 227–228), (f) は McCawley (1988, 97) より引用．)

(26) a. What is unique about milk is its richness in minerals and vitamins.
　　 b. What I like about her is that she is so thoughtful and considerate.
　　 c. What is wrong with the proposal is that it doesn't provide a proper appeals procedure.

  d. What impressed him about me was that I had once visited Greece.
  e. What I want is that she study mathematics.
  f. What I took for granted was that George would help us.
(27) a. *Its richness in minerals and vitamins is unique about milk.
  b. *I like about her that she's so thoughtful and considerate.
  c. *That it doesn't provide a proper appeals procedure is wrong with the proposal.
  d. *That I had once visited Greece impressed him about me.
  e. *I want that she study mathematics.
  f. *I took that George would help us for granted.

したがって擬似分裂文の焦点構成素は，変形規則ではなく句構造規則によって連結詞補部位置に生成されるものと考えられる（Higgins 1979, 13, 148）．

 変形が関与しないとすると，(26)のような例の文法性が問題とはならなくなる一方で，(28)のような例の非文法性を，対応する非分裂文の非文法性に基づいて説明することができなくなる．

 (28) *What John tried was that Mary should leave.
   （cf. *John tried that Mary should leave.）

（Higgins 1979, 195）

だがこのような文は，変項と値（⇒ 5.2.1）の意味類の不一致（incongruity）を含むと考えられるので，意味論的に逸脱したものとして排除することができる（Higgins (1979, 195), Jackendoff (1972, 243) も参照）．

 擬似分裂文の構造に関してむしろ問題なのは，連結詞と焦点構成素が動詞句を成すか否かということである．擬似分裂文の句構造としては，動詞句の有無に応じて次の2つが考えられる．

(29) a.　　　　S　　　　　　　b.　　　　　S
　　　　　／＼　　　　　　　　　／｜＼
　　　　 NP　VP　　　　　　　NP be　XP
　　　　／　／＼　　　　　　／　　　[+F]
　　 What... be　XP　　 What...
　　　　　　　　[+F]

英語の文を展開する句構造規則としては，(29a) の S → NP⌢VP が一般的であるが，Gundel (1977, 546–548) は擬似分裂文が連結詞を中心に転倒可能であること，および，次例のように焦点構成素も主語と同等に一致を支配する場合があることを証拠として，(29b) の構造を支持している．

(30) a. What you must avoid is / are feeling sorry for yourself and sleeping too much.
　　 b. What this country needs is / are more blue-collar workers.
　　 c. What we want is / are some of those cakes.
　　　　　　　　　　　　　　　　　　　　　　(Swan 1995², 115)

語順の転倒可能性がすぐさま構造的対称性を含意するかどうかは不明確なので，この点はいま措くとして，もし擬似分裂文における連結詞の一致形態が主語と焦点構成素のどちらによってもまったく同じように決定されうるならば，たしかに (29b) のような対称的な（主語と焦点のいずれをも「S に直接支配される句構成素」として同列に扱う）構造が認められるかもしれない．しかし Gundel 自身も述べるとおり (1977, 547, fn. 9)，一般には主語自由関係節との単数一致が好まれ (cf. Quirk et al. 1985, 765, note [c])，連結詞と焦点構成素との一致を容認しない話者もいる．転倒した形でなら複数焦点構成素との一致も容認されやすいようであるが (Declerck 1988, 79–80)，いずれにしても左側にある構成素に構造的優位性を与える (29a) のほうが妥当であると思われる．

4.2.2　分裂文の派生 1: 分裂節の移動

次に，分裂文の派生・構造を考えていこう．従来の分析において主に問題とされている点は，分裂文特有の移動変形が含まれるか否か，分裂節が

構造上どのような位置を占めるか，の2つと考えてよい．分裂節位置の問題は後で見ることにし，まず移動変形の有無について検討してみる．

分裂文特有の変形としては，分裂節の右方への移動を引き起こすものと，焦点構成素を連結詞補部位置に移動するものの2つがある．まず分裂節の移動についでであるが，これには外置規則によるとする考え（Akmajian 1970; Emonds 1976; Harries-Delisle 1978）と，右方転位規則によるとする考え（Gundel 1977）がある．いずれも概略，次のように主語位置から右方向への移動を仮定する点で共通する．

(31)　[[that ...]⌒be⌒XP⌒[　]]

たとえば Akmajian (1970) は，下に示すように，擬似分裂文から「分裂文外置規則」（Cleft-Extraposition Rule）などの規則適用を経て分裂文が派生されるとする．（Harries-Delisle (1978) は it を変形規則によって挿入するが，ほぼ同様の派生を仮定している．）

(32)　a.　[[it [(wh) someone be sick]] be me] → (Verbal Agreement)
　　　b.　[[it [(wh) someone is sick]] be me] → (Relativization)
　　　c.　[[it [who is sick]] be me] → (Cleft Extraposition)
　　　d.　[[it ＿] be me [who is sick]] → (Verbal Agreement)
　　　e.　[[it ＿] is me [who is sick]]

Akmajian がこうした派生の証拠としてあげるのは，分裂節の動詞の一致形態である．Akmajian 自身を含め多くの話者にとって，分裂節の動詞は焦点構成素の人称（person）が何であっても3人称の形で一致するという（Quirk et al. 1985, 766, note [b] も参照）．

(33)　a.　It's me who is responsible.
　　　b.　It's you who is responsible.
　　　c.　It's him who is responsible.　　　（Akmajian 1970, 150）

一方，数（number）については焦点との一致が見られる．

(34) a. It's John and me / us who are responsible.
　　　b. It's you who are responsible.
　　　c. It's them / those two who are responsible.

　　　　　　　　　　　　　　　　　（Akmajian 1970, 150–151）

そしてこのような複雑な一致パタンは，擬似分裂文に見られるものと対応する．

(35) a. The one who is responsible is me.
　　　b. The one who is responsible is you.
　　　c. The one who is responsible is him.
　　　d. The ones who are responsible are John and me / us.
　　　e. The ones who are responsible are you.
　　　f. The ones who are responsible are them / those two.

根底に the one(s) のような 3 人称主要部を持つ擬似分裂文を仮定すれば，たしかにこのような一致パタンを簡潔に説明できるように思われる．しかし，だからと言ってこの現象が，擬似分裂文からの分裂節外置によってしか説明できないものであるとは結論できない．分裂節をもともと文末に設定しておきながら一致パタンを説明する可能性もあるからである．そもそも分裂節は独自の統語的性質を持つ節であるので，常に 3 人称（あるいは無標）の動詞形態を使うという独自の規則を立てることもできよう．分裂節内にある空所を 3 人称扱いにするという可能性もある（Delahunty 1984, 107）．また，上の例では対格（目的格）の代名詞に分裂節が続くときに 3 人称一致が生じているわけであるが，同じパタンは同格関係節（非制限関係節）の場合にも見られる．

(36) a. He had the nerve to say that to me, who {has / *have} made him what he is today.
　　　b. I wish she had said that to me, who {is / *am} sensitive enough to understand these things.

　　　　　　　　　　　　　　　　　　　（Akmajian 1970, 154）

この現象について，英語の代名詞格形態のうち対格（目的格）は最も無標

のものと考えられるので (Quirk et al. 1985, 338; Gazdar et al. 1985; Sag and Wasow 1999, 184; etc.)，通常の一致配列と異なる場合には，無標の格形態が無標の動詞人称形態とともに用いられる，という言い方ができるかもしれない．いずれにせよ，少なくとも一致に関わる部分において，分裂節が同格関係節と類比的に扱われるとするならば，分裂節での3人称一致形態の出現は，かならずしも擬似分裂文からの分裂節外置を想定しなくともよいことになるだろう．前節で見たとおり，分裂節と焦点構成素は，制限関係節と先行詞とは異なる関係を持っているわけであるから，分裂節が制限関係節の場合とは異なる一致の法則に従うということは十分考えられる．(ちなみに，方言によっては代名詞焦点が主格で現れることがあり，その場合は it is I who is . . . となる場合と it is I who am . . . となる場合がある．いずれの場合も，対格と3人称の一致を無標のものとして，特殊な一致の原因は主格形態に帰せられるだろう．なお Swan (1995², 116) は，it is I who am . . . や it is you who are . . . のような人称一致形と，it is me that's . . . や it is you that's . . . のような無標一致形の違いを，フォーマリティの差として記述している．Huddleston (1984, 462, fn. 7) も参照.)

Gundel (1977) は，分裂文の派生に右方転位 (Right Dislocation) が関与するとし，(37) のような例と平行的な (38) を，分裂文の元に仮定する．

(37) It's a great place, San Francisco.
(38) a. It was an explosion, what Bill heard.
　　　b. It was San Francisco, (the place) where we spent our vacation.
　　　c. It was (in) December, (the time) when I saw him last.
(Gundel 1977, 552)

最終的には，転位された擬似分裂文の主語(関係節)の変項主要部が「変項主要部削除規則」(Variable Head Deletion) により削除されて，分裂文が派生するという．この考えの根拠の1つとして，分裂文も右方転位文も，評言 (comment) ないしは新情報を先に，話題 (topic) ないしは旧情報を後に置くという特異な情報配列順を持つという点があげられている．(先

に述べた分裂文の通言語的有標性は，このことに起因する部分が少なからずあると思われる．）たしかに，情報構造のうえでの平行性は認めてよいと思われるのだが，右方転位要素は後からの思いつき（afterthought）として追加的な情報を表現したものと考えることも可能であり，移動により配置されると断言できるかどうか疑わしいところがある（Givón 1979, 217–218, 248）．また，変項主要部削除のような規則の必要性も，十分な根拠を持つとはみなせないだろう．よって，右方転位との平行性に基づいて分裂節移動を仮定する Gundel の分析は，不十分であると言わざるをえない．（Declerck（1988a, 71）も参照．なお Higgins（1979, 334）は擬似分裂文主語が（右方にも左方にも）転位されえないと言う．）

　基底に擬似分裂文を仮定する場合，擬似分裂文が可能なら分裂文も可能であると予測されるはずであるが，両者の容認性はかならずしも対応しない（⇒ 4.3.1）．

(39) a. What I'm inclined to think is that he did it deliberately.
b. #It's that he did it deliberately that I'm inclined to think.
(40) a. What I'm wondering is why no one told us.
b. #It's why no one told us that I'm wondering.
(H & P 2002, 1418)
(41) a. What I want is to be able to spend more time on research.
b. #It's to be able to spend more time on research that I want.
(*ibid.*, 1419)
(42) a. What you should do is blow up some buildings.
b. *It is blow up some buildings that you should do.
(Emonds 1976, 133)
(43) a. What Bill is doing is playing for time.
b. *It is playing for time that Bill is doing. (*ibid.*)

逆に，分裂文が可能であっても，その元になるべき擬似分裂文が想定できないような場合も多い．次のような前置詞句を焦点に持つ分裂文は，どれも擬似分裂文の対応形を持たない（Schachter 1973, 28; Pinkham and Hankamer 1975, 433）．

(44) a. It was with malice aforethought that the cat sat on the mat.
　　 b. It was for king and country that the cat sat on the mat.
　　 c. It was as a favor to me that the cat sat on the mat.
　　 d. It was under very adverse circumstances that they attempted to take the city.
　　 e. It was (purely) out of spite that he assigned it that number.

　擬似分裂文から分裂節移動によって分裂文を派生するという考えは，このような例から見ても妥当とは言えない．
　以上より，分裂節は主語位置から右方へ移動されるものではないと結論することができよう．したがって分裂節は，もともと文末位置を占める形で句構造規則により生成されるものと考えられる．これは同時に，分裂文主語の it がもともと主語位置にあり，移動後に挿入されるものではないということをも意味する．

4.2.3　分裂文の派生 2: 焦点の格上げ

　次に，分裂文特有の移動変形として仮定されるもう1つの規則を考えてみよう．Akmajian および Gundel の分析は，焦点構成素をはじめから連結詞補部位置に置くものであるが，これに対し，文末にある分裂節の中から焦点構成素を連結詞補部位置へと左方向に移動する分析もある．

(45)　[it^be^[　]^[that ... [XP] ...]]

　焦点構成素を移動する変形は，「分裂」の過程を文字どおり具現するものと言える．これには，置換 (Schachter 1973; Emonds 1976) と付加 (Rochemont 1986) の2つの考え方があるが，ここでは Schachter (1973) を取り上げる．
　Schachter は，焦点構成素を従属節（分裂節）から主節の空位置へ移動する変形操作を，意味的な前景化 (foregrounding) の働きに対応するものとし「格上げ」(promotion) と呼ぶ．格上げを支持する証拠としては，焦点位置に再帰代名詞を持つ次のような文があげられる．

(46) a. It was himself that John was worried about.
　　　b. It was about himself that John was worried.
　　　　　　　　　　　　　　　　　　（Schachter 1973, 30）

一般に再帰代名詞は，同じ節に含まれる名詞句と同じ対象を指すのに用いられる．だとすると，(46)のような分裂文が根底に John was worried about himself.のような文を持ち，再帰代名詞はそこから抜き出されてきたと考えるのは自然なことと思われる．しかし擬似分裂文でも，分裂節内の代名詞と同一指示的な再帰代名詞が焦点位置に現れうる((22a), (23)も参照)．

(47) a. The one that I shaved was myself.
　　　b. The one that you cheated was yourself.
　　　　　　　　　　　　　　　　　　（Akmajian 1970, 158）
(48) a. What John did was wash himself.　（Higgins 1979, 23）

擬似分裂文が焦点構成素の移動を含まないとすると，このような統語的連関性(⇒ 4.1.2)はどのみち，移動によらずに(分裂文の意味論に関わる要因によって)説明されねばならないものである．したがって(46)が示しているのは，分裂文にも連関性の性質が見られるということだけであり，かならずしも格上げのような移動変形の証拠とはならない．

なお焦点位置に現れる再帰代名詞は，そもそも形態統語法および意味解釈に関して，通常の再帰代名詞には見られない特異な振る舞いを示すことがあるという点に注意しておこう(Akmajian 1970, 158–159, fn. 9)．

(49) a. It was himself that John claimed had been cheated.
　　　b. The one who John claimed had been cheated was himself.
　　　　　(cf. *John claimed that himself had been cheated.)
(50) a. It was himself that John wanted Bill to describe.
　　　b. The one who John wants Bill to describe is himself.
　　　　　(cf. John wants Bill to describe himself.　[himself = Bill, ≠ John])

再帰代名詞は通常, 定形節の主語位置に現れることはないが, (49) の焦点再帰代名詞は明らかに主語に対応している. また再帰代名詞は, 上述のとおり, 同節内の名詞句とのみ同一指示的と解釈されるが, (50) では同じ不定詞節内の Bill だけでなく, 上位節の John とも同一指示的に解釈できる. もし焦点構成素が分裂節内部から抜き出されてくると考えるならば, 分裂節内では許されないはずの形態や解釈がなぜ焦点位置では可能になるのか, 説明せねばならない. このような再帰代名詞がまったく特殊なものであるのか, または強意的 (emphatic) なものの一種なのかは確かでないが, いずれにせよ, 分裂節内部に位置するときと異なる特性を示す場合があるという事実は, やはり格上げのような変形の妥当性を減じるものと言えるだろう.

焦点の格上げ分析を一見支持すると思われる現象を, もう1つ見よう. 次例に見るように, 分裂文の焦点構成素は, 疑問化や話題化によって文頭に移動されることがある.

(51)　a.　Who was it ＿ who interviewed you?

(Quirk et al. 1985, 1386)

　　　b.　What is it ＿ that makes politicians do such dopey things?

　　　c.　What is it ＿ that you think separates her from the other applicants?

　　　d.　Yet how is it ＿ that we can know it when none of us has ever sensed even one perfect right triangle?

(Baker, *The Atoms of Language*, p. 229)

　　　e.　John it is ＿ who she really loves.　(Radford 1988, 493)

　　　f.　John it was ＿ who broke it.　(Huddleston 1984, 460)

　　　g.　The other one it was ＿ I really wanted.

(村田 1982, 290)

ところが次の各対比が示すとおり, 焦点構成素の一部だけを移動することはできない.

(52)　a.　Which jar was it ＿ that she says she put the key in ＿?

b. In which jar was it __ that she says she put the key?
c. *Which jar was it [in __] that she says she put the key?
(H & P 2002, 1088)

(53) a. To whom was it __ that he gave the book?
b. *Who was it [to __] that he gave the book?
(Higgins 1979, 309)

(54) a. He said he'd give the book to John, and John it was __ that he gave the book to __.
b. ?He said he'd give the book to John and to John it was __ that he gave the book.
c. *He said he'd give the book to John and John it was [to __] that he gave the book. (Higgins 1979, 350)

一般に，いったん移動された要素は統語的に「凍結」し，その内部要素の移動を許さないと考えられている (Ross 1986, 173; Culicover and Wexler 1977, 17). なるほど，焦点構成素が分裂節内から移動されてくると考えれば，上のような現象はこの一般的制約の観点から容易に説明できることになろう．しかし焦点の移動は，たとえ十分であったとしても，必要な仮定であるとは言いきれない．焦点構成素の一部の移動が禁じられる理由は，移動制約によらずとも，少なくとも２つの観点から理解することができるからである．まず，この種の移動を通じて節の中央部に残される不完全な構成素が，非文法性を生む要因になっていると考えることができる (Kuno 1973, 381; Gazdar et al. 1985, 168, fn. 13). 上例中，角括弧 [ ] でくくられた前置詞句は，義務的であるはずの目的語を欠いている (通常の位置に持っていない) ので「不完全な構成素」(incomplete constituent) とみなされるが，このような構成素が節末以外の位置に現れることは普通許されない (Pinkham and Hankamer (1975, 440) も参照). 次例に見るように，前置詞句が完全な形で残るような場合は，焦点構成素の一部も移動されうる．

(55) What was it [__ about Navajo] that made it so difficult to decode? (Baker, *The Atoms of Language*, p. 6)

あるいは，分裂節内の空所解釈にとっての先行詞が別の空所を内包しているために非文法性が引き起こされる，と考えることもできる（H & P 2002, 1088）．(52c) を例にすると，分裂節内には in which jar に対応する空所が含まれているが，その先行詞として解釈される焦点前置詞句には，which jar に対応する空所が含まれていることになる．異質な2つの空所が，単一の(非有界)依存関係((unbounded) dependency relation)——空所とそれが意味解釈(および形態統語法)のうえで照応的に関連づけられる要素の連鎖関係——に含まれることは，普通ありえない．このような理解が可能であることから，上記のような現象は，かならずしも格上げのような移動(および「凍結」の制約)を立証するとは言えないのである．

　以上より，分裂文の生成に関しては，分裂節の右方移動や焦点構成素格上げなどの分裂文特有の移動変形規則が，かならずしも必要ないということがわかった．したがって分裂文は，表面上見られるとおり，it を主語位置に，焦点構成素を連結詞補部位置に持つ形で，句構造規則により「基底生成」されると言ってよい．変形規則によらずに分裂文を生成する分析法は，Delahunty (1984) や Gazdar et al. (1985, 158–160) に見られる．（この場合，対応する非分裂文や擬似分裂文との意味的等価性は，たとえばラムダ変換(lambda-conversion)を通じての論理構造(あるいは述語項構造)の同値関係によって説明される．）

4.2.4　分裂文の句構造

　分裂節および焦点構成素のいずれにも移動が関与しないとすると，残る問題は，分裂節が構造上占める位置である．分裂節の構造的位置に関しては少なくとも，①動詞句に支配される，②動詞句には支配されずSに支配される，という可能性がある．（もう1つ，分裂節は焦点構成素と構成素を成すという可能性も考えられる．これは分裂節を通常の制限関係節と同様にみなすものであるが，前節で見たとおり分裂節と関係節の間には少なからぬ違いがあるので，ここでは考察の対象としない．）図示すれば概略次のようになる．

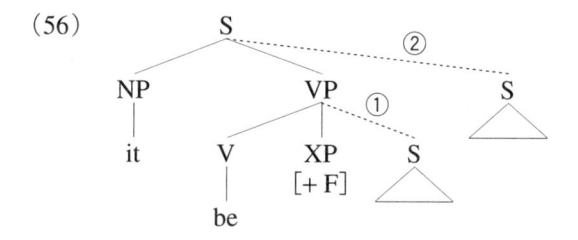

(56)
```
         S
        /|\
       / | \②
      NP VP  \
      |  /|\  S
      it V XP① △
         |  [+F]
         be  S
             △
```

　意味解釈の観点から見ると，分裂節と焦点構成素は，関数とその項（あるいは集合とその成員，変項とその値）として合成（compose）されると考えられるので（⇒5.2），①のように両者が姉妹関係にあるような構造が好ましいと言える．しかしここでは，意味解釈ではなく，あくまでも統語的な証拠を考えたい．

　この2つの可能性を考えるにあたり，先に制限関係節との違いの1つとしてあげた現象をまず思い出そう．前に見たとおり（(14)参照），分裂節は挿入句によって焦点構成素と分離されうるのであった．もし挿入句がSに支配されると考えるならば（Jackendoff 1977, 61–62），（不連続構成素を考慮しないかぎり）ここから②の位置が正しいと言えるかもしれない．しかし実際には，挿入句はS以外の句範疇内部にも生じうる．以下の例はEmonds (1976, 44–48)より．

(57) a. The volunteers must [VP realize, it seems to me, the dangers involved].
　　　b. John [VP pushed a child, they claimed, into the street].
　　　c. Mary was talking [PP to John about, of all subjects, birth defect].
　　　d. He'll talk [PP about, you realize, his book on your friends].

こうした例があることから，挿入句の分布を根拠として分裂節の位置を結論づけることは難しいと思われる．

　より直接的な証拠は，動詞句に作用する規則（操作）を考えることによって得ることができる．Delahunty (1984, 70–71)は次のような例をあげ，動詞句削除，右節点繰り上げ，動詞句前置などの規則が，焦点構成素と分

裂節に同時に適用する場合があることを示している．

(58) I said that it should have been Bill who negotiated the new contract, and
   a. ... it should have been.
   b. ... it should have.
   c. ... it should.
(59) a. It could have been — and it should have been — [Bill who negotiated the new contract].
   b. It could have — and it should have — [been Bill who negotiated the new contract].
   c. It could — and it should — [have been Bill who negotiated the new contract].
(60) a. I said that it was Bill that argued the case, and [Bill that argued the case] it was.
   b. I said that it must have been Fred who stole the money, and [Fred who stole the money] it must have been.
   c. I said that it would be Haig who lost his cool, and [Haig who lost his cool] it was.

一般に，文法規則の作用を同時に受ける複数節点は，単一の節点に支配されると考えることができる．だとすると，上記のような規則を同時に受けうるということから，焦点構成素と分裂節（および連結詞）はともに動詞句に支配されるものと考えてよいように思われる．したがって意味解釈および統語法のいずれの方面から考えても，焦点構成素と分裂節は姉妹関係にあるものと結論するのが妥当であろう．（Delahunty によると，動詞句前置の例 (60) については話者により判断の揺れが見られるが，これは文体的なぎこちなさに起因するものであって，非文法性を示すものではないという (Delahunty 1984, 71, fn. 2)．ちなみに Radford (1988, 493) は，*[John who she really loves] it is. を非文法的と判断している．）

なお (58a) や (59a)，(60) からすると，焦点構成素と分裂節のみが独自の単一節点に支配されるかのように見えるわけであるが，これは多層的動

詞句において(たとえば Akmajian, Steele and Wasow (1979) が Be 転移 (*Be* Shift) として記述するような形で)連結詞 be が上層の動詞位置に生じた場合に，下層の動詞句内にこれら2つの構成素だけが残されているためであって，削除や前置の操作を受けているのはあくまでも動詞句節点(ただし be を欠き [$_{VP}$ [ ] Bill who ...] のような形をした残余的なもの)と考えられる．制限関係節とその先行詞が単一の構成素を成しているのとは，まったく事情が異なるのである．

　以上，要するに，分裂文は移動規則によらず，焦点構成素と分裂節をともに(最下層の)動詞句に含むような形で，句構造規則(S → NP⌢VP および VP → V⌢XP⌢S) により生成されるものと考えられる．時制その他の詳細を省いて句構造のおおむねを示すと，次のようになる．

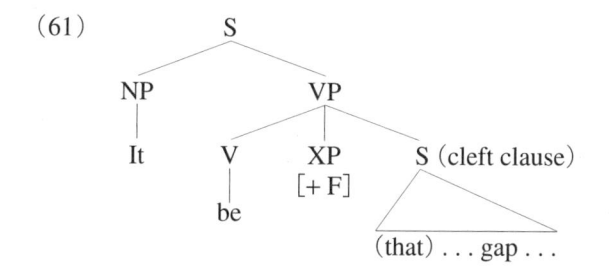

(61)
```
              S
             / \
           NP   VP
           |   /|\
           It V XP   S (cleft clause)
              |  [+F]   △
              be      (that)...gap...
```

分裂節内部に含まれる空所(および非有界依存関係)に関しては，wh 句ないしは空演算子(null operator)の移動連鎖を仮定する立場(Chomsky 1977; Browning 1991; etc.)と，範疇欠如情報を素性として持つ範疇(の連なり)を設定する立場(Gazdar et al. 1985, etc.)があるが，記述的にはほぼ等価であると思われるので，ここでは単に空所があるということだけを表しておく．また，この構造(および (29a) の構造)において焦点構成素を XP と表記してあるのは，その範疇地位を統語的に指定しないでおくのが好ましいと考えられるからである．この点を次に見ておこう．

4.3 焦点構成素に対する制限

4.3.1 焦点構成素の統語範疇

分裂文および擬似分裂文の焦点位置には，さまざまな構成素が生じうるが，多くの場合，容認されやすいものとそうでないものの違いが見られ，それが統語範疇に基づく制限として述べられることが多い．とりわけ，分裂文の焦点構成素が名詞句か前置詞句に限られるとする考え方は，広く受け入れられている (Akmajian 1970, 167; Emonds 1976, 132; Jackendoff 1977, 17; etc.). 統語範疇を名詞性（[±N]）および動詞性（[±V]）の素性の組み合わせによって理解する考えによれば，名詞は [+N, −V]，前置詞は [−N, −V] となるので，この制限は非動詞性素性 [−V] を持つ句だけに焦点構成素を限定するものと言ってもよい (Radford 1988, 148).

これまであげてきた例を見ても，分裂文の焦点構成素は名詞句か前置詞句である場合が多いということは認めてよいと思われる．そしてたしかに，(動詞性素性 [+V] を持つ) 動詞句や形容詞句は一般に焦点構成素になりにくい ((42b), (43b) も参照).

(62) a. *It was [go] that John did.　　　(Akmajian 1970, 166)
　　　b. *It's [wore] that John a white suit at the dance.
　　　　　　　　　　　　　　　　　　　(Quirk et al. 1985, 1385)
　　　c. *It was [sent] that my secretary the bill to Mr. Harding yesterday.　　　　　　　　　　(Swan 1995[2], 116)
　　　d. *It is [ask John for money] that I heard you.
　　　　　　　　　　　　　　　　　　　(Emonds 1976, 133)

(63) a. *It was [highly inconsiderate] that he was.
　　　　　　　　　　　　　　　　　　　(Huddleston 1984, 460)
　　　b. *It was [very sick] that the children became.
　　　　　　　　　　　　　　　　　　　(Emonds 1976, 140)
　　　c. *It's [as serious as Bill] that John seemed to Mary.
　　　　　　　　　　　　　　　　　　　(Emonds 1985, 269, fn. 12)

だが，動詞的な範疇(を主要部として持つ句)を一律に排除する制限は強す

ぎるように思われる．動詞句であっても，特に分裂節内に代動詞（あるいは再叙代用形）の do があるような場合は，焦点として容認される場合がある．（なお他の言語における動詞焦点については，Givón（1990, 731–733）および Dik（1997, 313–318）を参照.）

(64) a. It was [give up] that Billy didn't want to do.
          　　　　　　　　　　　　　　　　　(Delahunty 1984, 111)
      b. It was [explaining the rules to Mary] that John was doing yesterday.　　　　　　　(Declerck 1991, 540)
      c. ?It was [teach English in a school] that he did at that time.
      d. ?It was [teaching English in a school] that he was doing at that time.
      e. ?Is it [spying on us] he is?　　(Quirk et al. 1985, 1386)

動詞を含んではいても，副詞的（目的）用法の不定詞句や動名詞などは容易に焦点構成素になる．

(65) a. It is only [to discover these relationships] that the defendants are questioned so closely.
          　　　　　　　　　　　　　(cf. Prince 1978, 885, fn. 2)
      b. It was [to irritate me] that she did that.
          　　　　　　　　　　　　　　(Akmajian 1970, 164, fn. 11)
      c. It's certainly not [to make life easier for us] that they are changing the rules.
      d. It was [listening to Sue's story] that made me realise how lucky we have been.　　(H & P 2002, 1418)

また，（特に目的補語の）形容詞句も，焦点構成素として容認される場合がある（第5章（11）も参照）．アイルランド英語（Irish English）では，(63a) のような形も普通に用いられるという（Gundel 1977, 554, fn. 25; Gazdar et al. 1985, 159–160; Quirk et al. 1985, 1385; Declerck 1988a, 185, fn. 6; H & P 2002, 1419）．

(66) a. It's [dark green] that we've painted the kitchen.

(Quirk et al. 1985, 1385)

b. It wasn't [green] that I told you to paint it.

(H & P 2002, 1419)

c. ?It was [deathly afraid of flying] that John became.

(McCawley 1988, 59)

d. %It is [very enthusiastic] that Sean is.

(Gazdar et al. 1985, 160)

形容詞と範疇的にきわめて近いと考えられる副詞句も可能である．

(67) a. It was [very carefully] that Marge handled the sulfuric acid.

(McCawley 1988, 60)

b. It was [only reluctantly] that he agreed to swim at all.

(Pinkham and Hankamer 1975, 433)

c. It was [then] that Jan realized he had lied to her.

以上のような例には話者や方言の間で容認度の差が見られるが，完全に非文法的と判断されるものではない．だとすると，分裂文の焦点構成素を範疇的に限定してしまうのは得策ではないと言えよう．より柔軟に，通常連結詞の述部位置に許されるような範疇であれば，どれも分裂文の焦点構成素になる可能性があると考えるほうが妥当と思われる（McCawley 1988, 59）．焦点としての容認度は，範疇タイプ（たとえば名詞らしさ（nouniness）の違い）に基づいて設定される分裂化可能性の階層（hierarchy of cleftability）に従って変動するとみなす考えもありうるが（Pinkham and Hankamer 1975, 433），後に見るように「対比の明確さ」という意味的な要因に影響されるところが大きいと言えるものであろう（⇒ 5.1.1）．

なお，焦点構成素の範疇的制限は，それが強すぎるだけでなく，逆に弱すぎるという点でも問題である．というのは，可能とされる名詞句であっても，文中での機能により焦点構成素として容認されえない場合があるからである．一般に，主格補語（叙述名詞）や間接目的語として機能する名詞句は，焦点になりにくい．

(68) a. *It is [the football coach] that John is.
　　　　　　　　　　　　　　　　　　　(Emonds 1976, 140)
　　　b. *It was [a lawyer] that he was.　(Huddleston 1984, 460)
　　　c. *It's [a teacher] that he has always been.
　　　　　　　　　　　　　　　　　　　(Emonds 1985, 270)
(69) a. ?*It was [Kim] I gave the book.　(Huddleston 1988, 186)
　　　b. ?It's [me] he gave the book.　(Quirk et al. 1985, 1385)
　　　c. ?It was [Sue] I gave the key.　(H & P 2002, 1418)

上のような判断がいかなる要因によるものかについて，ここでは立ち入らないが(叙述名詞については Declerck (1988a, ch. 4) 参照；間接目的語については 3.4.3 参照)，いずれにせよ分裂文の焦点構成素について，「名詞句と前置詞句は可能，それ以外の範疇は不可能」というような二項対立的制限を設定するだけでは不十分だということは明らかである．

擬似分裂文の焦点構成素については，あらゆる句構成素が焦点構成素になりうるという考えがあり (Emonds 1985, 269, fn. 12)，たしかに名詞句はもちろんのこと，分裂文焦点にはなりにくい形容詞句や動詞句，述語名詞句なども問題なく認められる．

(70) a. What John is is [proud].　　　　(Higgins 1979, 8)
　　　b. What her father is, if you want my view, is [arrogant, dogmatic, and pig-headed].　　(H & P 2002, 1422)
　　　c. What I consider John is [foolish].　(Browning 1991, 47)
　　　d. What we should paint the house is [that plain white].
　　　　　　　　　　　　　　　　　　(Emonds 1985, 269, fn. 12)
(71) a. What NAFTA did was [institutionalize the economic reforms].
　　　b. What I did to Bill was [twist his wrist].
　　　　　　　　　　　　　　　　　　　(Emonds 1976, 144)
　　　c. What John did was [disappoint].　(Dik 1997, 315)
　　　　(cf. What John did was disappointing.)

(72) a. What your brother is is [an unmitigated scoundrel].
(Huddleston 1984, 463)
b. What these requirements are are [harassment techniques].
(Emonds 1976, 144)

ある種の不定詞句や定形節, 間接疑問節なども, 焦点構成素として生じうる ((2c–e), (25), (26b–f), (39a), (40a), (41a) も参照).

(73) a. What John wanted was [to climb Mt. Whitney].
(cf. *What John tried was to climb Mt. Whitney.)
b. What Max would like would be [to get a job at the post office].
(cf. *What Max hoped was to get a job at the post office.)
(Baker 1978, 150)
c. What astonished the doctors was [that the wound healed without scarring].
d. What I wanted to find out first was [how long it was going to take].
e. What really concerned her was [how unhappy the child was].

ところが擬似分裂文は分裂文と異なり, 一般に前置詞句を含む副詞類を焦点構成素として認めない.

(74) a. *What I live is [in Somerville].
b. *What I put it was [there].
c. *What I left was [Tuesday].
d. *What I fixed the car was [with a hammer].
(Browning 1991, 47)
e. *What John spoke was [to a friend]. (Emonds 1976, 144)

しかし, だからと言って, 擬似分裂文焦点から前置詞句・副詞類を範疇的

に除外してしまうことはできない．というのも，次のように主語が what 以外の wh 語で導かれる場合には，容認度が高くなるからである．

(75) a. ?Where I live is [in Somerville].
　　　b. ?Where I put it was [there].
　　　c. ?When I left was [Tuesday].
　　　d. ?How I fixed the car was [with a hammer].
　　　　　　　　　　　　　　　　　　　(Browning 1991, 48)
　　　e. %Why John yelled at you is [because he was tired].
　　　　　　　　　　　　　　　　　　　(McCawley 1988, 60)

また，主語が自由関係節ではなく明示的な先行詞を持つ関係節の場合も，容認可能となる（(17)–(20) も参照）．

(76) a. The way he spoke to me was [flatteringly].
　　　　　　　　　　　　　　　　　　　(Declerck 1988a, 71)
　　　b. The way you should go is [via Cheltenham].
　　　c. The way we make a cake is [by following mother's recipe].
　　　d. The place (where) the accident happened is [here].
　　　e. The reason we decided to return was [because he was ill].
　　　　　　　　　　　　　　　　　　　(Quirk et al. 1985, 1389)

したがって，擬似分裂文の焦点構成素に関して見られる (74) のような現象は，構文自体に対する範疇制限ではなく，主語自由関係節を導く what の性質に起因するものと考えたほうが妥当であろう．一般に擬似分裂文 What... is XP の意味とは，What... 部分が変項を表し，XP 部分がその値を与えるものであるから，これはすなわち What... を疑問とし，XP をその答えとみなしても解釈的にはほぼ差し支えないということである（⇒ 5.2.1）．こうした意味論的親近性（semantic affinity）が成り立つことからすると，McCawley (1988, 59) が述べるように，what で導かれる自由関係節を主語とする擬似分裂文の焦点構成素は，what による疑問に対する答えとなりうるような範疇かどうかという観点から，その容認可能性の度合いを理解することができるものと思われる．（なお，分裂節，関

係節,疑問節の意味・論理的類似性については,Harries-Delisle (1978, 479–480), Higgins (1979, 202), Givón (1979, 217–218), Keenan (1975, 413) なども参照.)

要するに,分裂文・擬似分裂文の焦点構成素に関する制限(容認度の違い)は,統語範疇に基づくものではなく,多分に意味的な性格のものとして捉えられるのである.それゆえ,分裂文および擬似分裂文の句構造記述の一般型においては,何の統語範疇制限をも設けず,不完全に指定された (underspecified) 句構成素 XP を設定しておくのが好ましい.

4.3.2 焦点構成素の単一性

焦点位置に生じる構成素について範疇的制限が(厳密には)成り立たないということは,焦点に対して何の統語的・形式的条件も課せられないということを意味するものではない.その個数に関しては,統語法上の制限が意味論的要請を上回って強力に作用するからである.次の例を見てみよう (H & P 2002, 1425).

(77) A: You cheated me.
　　　B: On the contrary, it was YOU who cheated ME.

分裂文を使ったBの発言は,Aに反論して「だました人」がAで「だまされた人」がBであることを述べている.意味論的には "x cheated y" における2つの変項のうち,xの値がA,yの値がBであると指定したもの (⇒ 5.2.1) であり,2つの対比焦点を表す必要が生じているわけである.にもかかわらず,この2つを同時に焦点位置に置くことは許されない (*..., it was you me who cheated who.).意味的な焦点が複数個あっても,統語的な焦点はただ1つに限られるのである.

一般に分裂文・擬似分裂文焦点は,単一の構成素に限定される.2つの構成素を焦点位置に置いた文は,非文とされる (McCawley 1988, 61).

(78) a. *It was [a watch] [to my brother] that I gave.
　　　b. *It was [the wrappings] [into the wastebasket] that Jack threw.

  c. ??It was [through a telescope] [last Tuesday] that I saw Venus.
(79) a. *What I gave was [a watch] [to my brother].
  b. *What Jack threw was [the wrappings] [into the wastebasket].

　すでに見たとおり，単一構成素であればどのようなものでも焦点位置に生じうるというわけではないが，逆に焦点位置に生じるものならば（一般に）単一構成素を成していると言うことはできそうである．このため，分裂文・擬似分裂文焦点が単一の構成素でなければならないという制限は，さまざまな文における構成素性診断のための統語的テストとして広く用いられている (Huddleston 1984, 53; McCawley 1988, 60)．

　なお上で「一般に」と断ったのは，2つの焦点構成素がともに付加部である (78c) が，項の焦点化を含む (78a, b) に比べて容認度が高く，また実際に次のような例も観察されるからである．

(80) Like Austin before him, Grice was invited to give the William James lectures at Harvard University, and it was [there] [in 1967] that he first outlined his theory of implicature ...
       （Thomas, *Meaning in Interaction*, p. 56）

　このような例は，何らかの意味的統一性 (cf. Pollard and Sag 1987, 138) のゆえに単一焦点と分析しうるかもしれないが，単一焦点構成素の制限に対する反例ともみなされうるかもしれない．いずれにせよ，分裂文を構成素性診断テストとして用いる際に留意しなければならない点である．

第5章 分裂文の意味的特性

5.1 分裂文焦点の意味解釈

5.1.1 選択的対比

　分裂文と擬似分裂文は，ほぼ同じ意味を表すものとみなすことができる．両者は「同義的であり，同一の前提を共有し，同一の疑問文に対する答えとなり，また一般には相互に交換可能である」(Akmajian 1970, 149)と考えて，ほぼ差し支えない．また分裂文・擬似分裂文は，対応する非分裂文と命題的意味あるいは真理条件を共有すると考えられる (Prince 1978, 883; Huddleston 1984, 16; Delahunty 1984). したがって (1) の文はすべて同じことを述べたものと解釈できる．

(1)　a.　It was the duckling that John killed.
　　　b.　What John killed was the duckling.
　　　c.　John killed the duckling.

しかし，分裂を含まない通常の(無標の)文である (1c) と異なり，(1a, b) では the duckling が特別に際立たせられていると解釈される．すなわち，分裂文・擬似分裂文には焦点化の働き(強調構文の名が示す「強調」の働き)が含まれている．したがって分裂文・擬似分裂文と非分裂文とは，主題的意味において異なっていると言えるわけであり，その点，右方移動構文と非右方移動構文との関係と平行的である (⇒ 3.1.1). (なお，(1c) も通常の音調で発音された場合 duckling の部分に中核強勢が置かれるので，(1a, b) と同様の解釈が可能であるが，この強勢配置は動詞句や文全体を

焦点とする解釈とも合致するものであり，the duckling だけを焦点とする解釈のみを持つ（1a, b）とは，その点異なる．）

しかし，分裂文・擬似分裂文に見られる焦点化機能は，右方移動構文における提示的焦点化機能とは異なるものであり，かならずしも談話に新たな指示物を導入するというものではない．提示的焦点解釈を持つ右方移動構文が談話の初頭で自然に用いられうるのに比べ，分裂文は普通そのように用いることはできない．名詞句からの外置を含む（2）が最初の文として用いられた場合は，自然な談話が成立しうるが，分裂文である（3）によって出し抜けに（out of the blue）談話を開始するのは，きわめて不自然である．

（2） A letter arrived for you from England. . . .
（3） It was a letter that arrived for you. . . .

分裂文・擬似分裂文における焦点化は通例，ある特定の構成素を取り上げて，それと選択関係（系列的な関係）にある他の構成素と対比することによって際立たせる（あるいは前景化する）というものである．したがって，分裂文・擬似分裂文の焦点は系列的焦点（⇒ 3.1.2）と言えるものであり，一般には「対比的焦点」（contrastive focus）と呼ばれている（Harries-Delisle 1978; Rochemont 1986; Declerck 1988a）．

分裂文における対比は，上で述べたとおり，特定の要素を他から切り離して際立たせるという選択的対比（selective contrast）として捉えられるべきものであり，次例に見られるような肯定・否定の対比ないしは強調（yes-no contrast / emphasis）とは異なる（Declerck 1988a, 27–28; Zubizarreta 1998, 7, 44–45）．

（4） a. Why haven't you called the police? — I HAVE called them.
b. I think Mary lied to you. — You are right; Mary DID lie to me.
c. I wish we were in France. — We ARE in France.

肯定・否定に関わる対比・強調は，相手の発言の正しさに訂正を加えたり

あるいは反駁したりするという点で，いわばメタ言語的な働きを持つものであり，分裂文の焦点化機能とは異なる．

分裂文・擬似分裂文における対比的焦点化は，ある特定の要素の選択ということと常に関連したものである．この選択的対比の意味合いは，選択肢となりうる要素の集合が小さければ小さいほど，つまり選択肢が少なければ少ないほど強い．したがって，2つの要素だけが問題となっている（選択肢となっている）ようなところで選択的焦点化が行われた場合，最強の対比が生じる．たとえば次の文は，数学のテストで誰が満点をとったかということに関し，クラスの学生何十人かの全員が話題になっている場合と，JohnとFredの2人だけが話題になっている場合とでは，対比性の強さが異なる．

(5)　It was John who got a perfect score on the mathematics quiz.

「何十人かの学生のうちジョンだ」というのと，「フレッドではなくてジョンのほうだ」という解釈を比べた場合，後者のほうが対比の意味が強い．

分裂文・擬似分裂文における焦点化の対比的性格は，not, not . . . but, rather than, more than などの表現を伴って明示的に表されうる．

(6)　a.　It is affection received, not affection given, that causes this sense of security, though it arises most of all from affection which is reciprocal.
　　　　　（Russell, *The Conquest of Happiness*, pp. 136–137）
　　b.　It's not the noise that I mind, but the heat.
　　　　　（Quirk et al. 1985, 789）
　　c.　It is because we *internally use* our visual information and our sound information in different ways and for different purposes that the sensations of seeing and hearing are so different. It is not directly because of the physical differences between light and sound.
　　　　　（Dawkins, *The Blind Watchmaker*, p. 34）
　　d.　It was how well more than how loud she sang that impressed

　　　　　　　me.　　　　　　　　　　　　　(Quirk et al. 1985, 982)
　　　　　e.　It's management that's at fault rather than the workforce.
（7）　a.　What matters is how the food tastes, not how it looks.
　　　　　b.　What seemed to Tolstoy important was not that the workers should get more leisure but that the leisured should work.
　　　　　　　　　　　　　　　　　　　(Huxley, *Along the Road*, p. 143)
　　　　　c.　What is under genetic control is not linguistic behavior, nor mental grammar, nor Universal Grammar, but the physical brain structures that make Universal Grammar and the learning process possible.
　　　　　　　　　　　　　　　(Jackendoff, *Patterns in the Mind*, p. 206)
　　　　　d.　What lies at the heart of every living thing is not a fire, not warm breath, not a 'spark of life'. It is information, words, instructions.　(Dawkins, *The Blind Watchmaker*, p. 112)

このような場合に用いられる否定辞 not はその作用域が狭く，焦点化された構成素だけにかかるもので，文全体を否定するものではない．分裂文・擬似分裂文が否定された場合，一般に構成素否定の解釈と文否定の解釈の区別は明確でない（太田 1980, 142–143; Declerck 1988a, 77）．次の例を見てみよう．

　　（8）　It is not John who is the bank robber.
　　（9）　a.　It is not true that it is John who is the bank robber.
　　　　　b.　It is [not John] who is the bank robber (but someone else).

否定の分裂文（8）は，否定辞の作用する範囲の広狭に応じて，一応，2通りに解釈できる．否定の範囲が広い場合（文否定）は（9a）のようにパラフレーズされ，狭い場合（焦点構成素否定）は（9b）のように解釈される．しかし文否定の場合も通常は「ジョンではなくて…が」という含みがあるため，（9a）と（9b）は結局意味に差がない．ちなみに Higgins (1979, 321) は，擬似分裂文の否定がストレートな否定（straight negation）としては解釈されず，反駁的な否定（contradiction negation），つまり対比的否定としてしか解釈されないと言っている（Pinkham and Hankamer (1975,

436）も参照）.

　分裂文の焦点が対比を表すということは，普通なら焦点位置に起こりにくい要素であっても対比の意味が明確な場合には容認されやすい，という事実によって支持される．ある要素が分裂文の焦点位置に生じうるか否かの制限は，その統語範疇に応じて述べられることがある（⇒ 4.3.1）．たとえば形容詞は通例，分裂文の焦点になりにくいとされる（第4章 (63) も参照）.

(10)　a.　*It is quite unhappy that Bill is.
　　　b.　*It was impudent that Mary seemed.
　　　c.　*It was very sick that the children became.
　　　d.　*It was tired that John grew.　　（Emonds 1976, 140–141）

しかし (11) が示すように，明確に対比の関係を表す場合は容認度が高い.

(11)　a.　It wasn't just happy that he appeared, more like ecstatic.
　　　b.　It is not only unhappy that Bill feels, but alone and friendless too.
　　　c.　It isn't obsessive that Bill is, just manic-depressive.
　　　d.　It wasn't quite depressed that he appeared that day, just slightly sad.　　（Delahunty 1984, 77）
　　　e.　It is ambitious that John is, not haughty.
　　　　　　　　　　　　　　　　　　　　　　（Declerck 1988a, 150）
　　　f.　It's pretty that Mary is, more than anything else.
　　　　　　　　　　　　　　　　　　　　　　（*ibid.*, 187）
　　　g.　It's not lonely he made me feel — it's angry.
　　　　　　　　　　　　　　　　　　　　　　（H & P 2002, 1419）

また，ある種の不変化詞（小辞）も焦点にならないと言われるが，やはり対比が明確な場合は可能である.

(12)　a.　*It was in that John ran.
　　　b.　*It was away that he pushed the cart.
　　　　　　　　　　　　　　　　　　　　　　（Emonds 1985, 261）

(13) a. It isn't in that one takes garbage, it is out.
　　 b. It was up that we pushed the lever, not down.
　　 c. It wasn't on that he tried to turn the lights, it was off.
(Delahunty 1984, 76)

ただし，動詞とイディオムをなすような不変化詞は対比を表さないため，分裂文焦点とならない（Delahunty 1984, 76）.

(14) *It was up that I called him on the phone.

この up は，call up（「電話をかける」）というイディオムの一部をなすものであって，それ自身 down や under と対比させられているわけではない．なお (12) や (14) のような文が容認されないことの説明として，焦点は「語彙的に特定的 (lexically specific) でなければならない」（Emonds 1985, 261）とか，「完全な語彙項目 (full lexical item) でなければならない」（Chomsky 1972, 101, fn. 28）とかの制限が仮定されることもあるが，これらは結局，対比を表すことができるものでなければならないということに集約できるであろう．

　副詞節には，分裂文の焦点になるものとならないものがあることが知られている（太田 1980, 552–554; Emonds 1985, 288–289; Declerck 1988a, 190）.

(15) a. It's {before / until / while / because / when / only if / just in case} Greg starts to sing that I tune the piano.
　　 b. *It's {if / even if / although / unless / so that / lest} Greg start(s) to sing that I tune the piano.
(Emonds 1985, 288)

太田 (1980, 553–554) はこうした区別に関し，(15b) に現れているような副詞節が wh 疑問の答えにならないこと，選択疑問の焦点にならないこと，not ... but ... により対照できないことをあげているが，これは皆，対比性の欠如という観点から理解できるものではないかと思われる．

　分裂文焦点の表す対比は，潜在的な選択肢の中からあるものを取り上げ

て残りのものと対照するという選択的対比であるから，選択肢すべてを表すような every, any, all などを伴う全称的表現は，焦点にならない。

（16） a. *It was every / any mistake that we corrected.
 b. *What we saw was everything / anything.
 c. *What I want is all. （Declerck 1988a, 86）
 d. *It's anybody that I like.
 e. *It's everyone that I know. （Schachter 1973, 29, fn. 11）
 f. ?It was every dish that John washed.
 g. ?It's all the food that John bought.
 （Rochemont 1986, 132）

しかし，対比の解釈ができる場合にはやはり容認可能となる。

（17） a. What we want to save is all the buildings that were built between 1800 and 1850. （Declerck 1988a, 86）
 b. It is not every one who says Lord, Lord, that shall enter into the kingdom of heaven.
 （Huxley, *Along the Road*, p. 40）

（17a）の「1800年から1850年の間に建造されたすべての建物」は「それ以外の時期に建造されたすべての建物」と対比されるため，容認可能となっている。また（17b）では，制限関係節による限定と否定によって対比の意味が示されている。

5.1.2 総記性含意

選択的焦点化によって選択肢の中から選ばれた要素は，選ばれなかった要素と対比させられるわけであるが，この対比の意味に伴って，選ばれたのはこれだけであってこれですべてであるという，総記性（exhaustiveness）ないしは唯一性（uniqueness）の含意も出てくる（Higgins 1979, 191–192; Huddleston 1984, 466–467; Declerck 1988a, 28–36; Rooth 1996, 296）。これは，分裂文・擬似分裂文と非分裂文とを比較してみるとよくわかる（例文は Huddleston (1984, 467) より）。

(18) a. Ed didn't read it.
　　　 b. It was Ed who didn't read it.
(19) a. They found the unfinished manuscript of a novel in the safe.
　　　 b. What they found in the safe was the unfinished manuscript of a novel.

焦点化を含まない (18a) は「エドはそれを読まなかった」と言うだけで，エド以外にそれを読まなかった人がいたのかいなかったのかということに関して中立的であるが，分裂文 (18b) には「それを読まなかったのはエドだけ (で，他の人はみんな読んだ)」という含みがある．同様に (19a) が，金庫の中に小説の未完の原稿以外のものがあったかどうかについて何も言わないのに対し，擬似分裂文 (19b) は「金庫の中には小説の原稿だけがあった (そしてそれ以外のものは何もなかった)」という含みを持つ．

　分裂文で，ある要素 X が焦点化された場合，「X だけ，X ですべて，X 以外にはない」という総記性含意があるということから，only X という形の焦点は一見余剰的であるように思われる．

(20) a. It was John that kissed Mary.
　　　 b. It was only John that kissed Mary.

総記性含意によって，(20a) でも「メアリーにキスしたのはジョンだけ」ということが示されているわけであるから，(20b) の only はまったく不必要な余計なもののように見える．にもかかわらずこの例が何の変則性・逸脱性も持たないのは，それが (20a) とは異なる意味を表すからである．この意味の違いというのは，これら文が何を前提とし，何を断定しているかの違いである (⇒ 5.2.2; 6.3.1)．(20a) は「誰かがメアリーにキスをしたこと」を前提とし，その誰かがジョンであることを断定している．そしてキスしたのがジョンだけであるということは，含意として表される．一方 (20b) では「ジョンがメアリーにキスをしたこと」が前提となっており，キスをしたのはジョンだけであって他にはいないということが断定されていると考えられる．つまり，(20a) では総記性が含意となっているのに対し，only を焦点に含む (20b) はそれを断定しているわけである．総

記性を断定するということは，同時に対比性を強めることにもなる．（上記 (15) で，if 節は分裂文焦点にならないが only if 節は可能であることを見たのであるが，これは，単なる if 節では総記性が弱いが only を付加することにより総記性が断定され，同時に対比性が強調されるからというふうに理解できよう．）

なお総記性のことを含意と言うのは，それが場合によっては取り消されうるからである．次の例を見てみよう (Declerck 1988a, 33)．

(21) a. It was not only John who kissed Mary.
b. It is mainly tourists that come here.
c. It is primarily the workers that are dissatisfied with the government's policy.

(21a) では，メアリーにキスしたのはジョンだけで他にはいないという総記・包括性が，not only によって明らかに否定されている．したがって Bill and Fred did so, too. のように，他にもメアリーにキスをした者がいたということを示す文を続けてもかまわない．同様のことは，(21b) の mainly や (21c) の primarily (その他，especially, chiefly など特定化詞 (particularizer) と呼ばれる副詞 (Quirk et al. 1985, 604)) についても言える．このような取り消し可能性 (cancellability) は，「会話の含意」(conversational implicature) と呼ばれるものの特徴である (Grice 1975)．ただし，総記性含意の取り消しの仕方がこのような副詞の付加によるもののみに限られるところから見て，かなり慣習化された含意であるとみなせる．

副詞のうち追加性を意味する also や even は一般に，分裂文・擬似分裂文の焦点にはつけられないとされる．

(22) a. *It was also John who ran away.
(cf. Declerck 1988a, 33)
b. ?*It was even Bill that I saw. (Jackendoff 1972, 255)
(23) a. *What John is is also proud of himself.
b. *What Mary did was also (to) wash herself.
(Higgins 1979, 319)

これら副詞は「X も，X でさえも」という意味を表すもので，X 以外のものの存在を前提とする (⇒ 6.3.2)．したがって，X の総記性を表す分裂文焦点とは相容れないわけである．(なお (22a) は「*逃げ去ったのはジョンもであった」というふうには解釈できないが，「(...したのはジョンであったが)逃げ去ったのもジョンであった」というふうに，also が who ran away のほうにかかる解釈は可能かもしれない (cf. Declerck 1988a, 33–34．なお Quirk et al. (1985, 611) は，also や even が分裂文の焦点についた例をあげているのであるが，これは総記性の含意が何らかの文脈において取り消されているものとして解釈すべきであろう．cf. 太田 1980, 601．)

以上，分裂文・擬似分裂文における焦点は選択的対比の意味解釈を持ち，総記性(包括性)の含意を伴うものであることを見たのであるが，焦点構成素が担うこうした意味特性は，実は文全体の特徴から捉えることができるものである．すなわち，対比性・総記性は，分裂文・擬似分裂文の「指定文」としての性格から帰結するものとして理解することができるのである．この点を次に見ていく．

5.2 指定文としての分裂文

5.2.1 変項値の指定

分裂文・擬似分裂文は非分裂文と異なり，連結詞を含んでいる．連結詞を含む A be B 型の構文は，叙述文 (predicational sentence) と指定文 (specificational sentence) に 2 分することができる．叙述文は，指示の確定した A について B の部分が何らかの特性を記述するものである．たとえば，John is a dentist. という文は叙述文で，ジョンについて歯医者であるという特性を記述したものである．一方，指定文では，A の部分はそれ自身で何かを指し示すことはなく，何を指すかに関して幅のある変項 (variable) の働きをし，B の部分がこれに対する確定した値 (value) を与える．The one who came in was Fred. のような文は指定文(擬似分裂文)で，A にあたる「入ってきた人」という部分は誰を指すかについて幅のある変動的なものであり，B にあたるフレッドがその固定値を与えて

いる．

　変項に対する値の付与というのは，見出しに対する項目の列挙（リスト），疑問に対する回答などと同類の働きとみなせるものである（Higgins 1979; Declerck 1988a）．指定文においては，変項の値として与えられる要素が重要な，注目に値する情報であるわけで，これがすなわち文の焦点となる．（これに対し変項部分は「前提」として扱われる（⇒ 5.2.2）．）

　分裂文・擬似分裂文は指定文として解釈される．分裂文の場合，基本的には It be X that... の that... の部分（分裂節）が変項にあたり，X が値を表す．擬似分裂文では，What... be X の What... の部分が変項に対応する．ただし擬似分裂文は叙述文と指定文の解釈に関し，曖昧な場合がある（Higgins 1979; Gundel 1977）．

　(24)　What we saw in the park was a man and a woman.
(Higgins 1979, 11)

この例は叙述文として解釈された場合，「我々が公園で見たものは両性を具有していた（男と女の両方の性質を持っていた）」のようになり，a man and a woman の部分が，hermaphrodite という叙述名詞または hermaphroditic という形容詞と同じように扱われる．指定文として解釈された場合は「我々が公園で見たもの，それは 1 人の男性と 1 人の女性であった」という意味となり，次のように書き換えることができる．

　(25)　We saw the following in the park: a man and a woman.

このようにコロン（:）を用いて「リストの見出し: リストの項目」という形にパラフレーズできるというのが指定文の特徴である．分裂文 It was a man and a woman that we saw in the park. には，この指定文としての解釈しかない．以下では，擬似分裂文に関して指定文としての解釈のみを考慮する．したがって分裂文・(指定的)擬似分裂文は，常に変項値の指定というプロセスを含むものと言える．

　変項に対してある値を付与するということは，ある特定の値を(潜在的な)値の集合の中から選び出すということであり，ここから「選択値」対

「非選択値」という対比の意味が生じる．対比の意味はつまり，変項値の指定というプロセスにほぼ必然的に伴うものであり，分裂文・擬似分裂文を発する際にはかならず付随する（ただし 5.3.2, 5.3.3 参照）．ところで通常の話者であれば，会話の中で文を発する際，その会話の目的・方向に沿うように発話をなすべきであるという「協調の原則」(Cooperative Principle) に従っているものと考えられる (Grice 1975)．そして，この原則に含まれる種々の格率（あるいは行動規準）の中に，「量の格率」(maxim of quantity) がある．これは概略，「会話において必要にして十分なだけの情報を与えよ」というふうに理解できるものである．指定文の話者がこの量の格率に違反していると考えるべき理由がないかぎり，変項の値として必要なものはすべて与えられているはずであり，また必要以上のものは与えられてはいないはずであるから，指定されているのは変項を満足する値の完全なリストであるということになる．つまり，値はこれですべてであってこれだけである，という総記の解釈が（会話の含意として）得られるわけである．指定文における変項への値付与が会話における協調の原則（特に量の格率）に従って行われるかぎり，総記性（または唯一性）はこのように，会話の含意として生じる (Declerck 1988a, 30; 太田 1980, 601)．先に (21) で見たように，明示的な手段によって情報量の不十分さが示されている（したがって量の格率が守られていない）場合には，この含意は取り消されうる．

　以上のことを指定文の意味表示という観点からまとめると，次のようになる．Higgins (1979, 193) は，指定文には一般的に次のような意味表示が与えられると言う．

　（26）　$\{x: Px\} = \{a, b, c, \ldots\}$

等号の左辺が変項部分で，P という性質を持った x の集合を表している．右辺は x に該当する値の集合をあげており，焦点にあたる．この集合の成員は，もちろん 1 つでもかまわない．（なお (26) は，集合の成員の指定という点を明示して，$a, b, c, \ldots \in \{x: Px\}$ という形（「$a, b, c, \ldots$ は Px を満足する集合の成員である」）で表してもよい．）この方式によると，た

とえば (27) (= (1b)) の意味表示は (28) のように表される．

(27) What John killed was the duckling.
(28) {x: John killed x} = {the duckling}
　　　(または the duckling ∈ {x: John killed x})

ここで，x (ジョンが殺したもの) に該当するものとして the duckling が指定されているということは，他にも値となりえたかもしれないもの (たとえば the swan, the goat, the piglet, the snake, ... など) が該当しないものとして除外されるということであり，ここに (潜在的な) 対比が表されている．可能な値の集合の成員が明確であればあるほど，そしてそれが少数であればあるほど，この対比の意味は強くなる．また，量の格率が破られていると仮定すべき理由がないかぎりにおいては，これが過不足のない完全なリスト，すなわち総記であるということになる．(26) の右辺，つまり焦点部分に関する意味的な特性は，このように指定文全体の性格 (および協調の原則) から導き出されるものと考えることができる．

5.2.2　変項存在の前提

分裂文・擬似分裂文における対比性・総記性の読みは，指定文の特徴である「変項に対する値の指定」(および量の格率) から導き出されると考えられるのであるが，この指定という行為が成立するためには，そもそも値をとりうるもの (つまり変項) の存在が確立されていなければならない．すなわち，値を付与されるべき変項が前提となっていなければならない (Schachter 1973, 41)．これは，「存在の前提」(presupposition of existence) と呼ばれることがある (Declerck 1988a, 14)．変項の存在の前提は，次のような疑問文と答えのつながり具合の適切さを見ることにより確認できる．

(29)　Is it John who writes poetry?
(30)　a.　No, it is Bill who writes poetry.
　　　b.　No, it is John who writes short stories.

疑問文(29)に対して(30a)は自然な答えとなるが，(30b)は不適切である．(30a)は(29)と同様に，「詩を書く人の集合」が存在するということを前提としており，この集合に誰が含まれるのかということを問題にしている．ところが(30b)はそのような前提を持たず，「短編小説を書く人の集合」の存在を前提としているため，的外れな答えとなっている．このように疑問文とその答えのつながり，すなわち談話の流れが自然となったりならなかったりするという事実は，つまり前提が等しいか否かということに由来するものであり，したがって分裂文が(それぞれ特定の)変項の存在を前提に持つことを示す．存在が前提とされるこの変項に対して，その値がこれこれであると述べること，つまり値を指定することが，分裂文・擬似分裂文の断定である．この前提と断定という区分を考慮した場合，先の意味表示(26)は，より正確には次のような2つの部分から成るものとみなすことができる (Jackendoff (1972, 246) および Zubizarreta (1998, 1–7) も参照)．

(31) a. 前提: Px を満足するような x の集合が存在する．
　　　b. 断定: a, b, c, ... はこの集合の成員である．

これにより，変項への値の指定((31b))というのが変項の存在((31a))の基盤の上に成立するものである，ということが明確に表される．

以上のことから，次のような文の非文法性(容認不可能性)が理解できる．

(32) a. *It's somebody / someone that I used to know.
　　　b. *It's something that the cat dragged in.
　　　　　　　　　　　　　　　　　　　(Schachter 1973, 28)
　　　c. *It's somebody that John's behavior might bother.
　　　d. *It was from someone that they received a letter.
　　　e. *It was some stuff that I received in the mail.
　　　　　　　　　　　　　　　　　　　(Emonds 1985, 262)

分裂文・擬似分裂文において，変項(... であるような誰か・何か)の存在は前提とされているわけであるから，不定の some のついた表現を焦点位置に置くことによって改めてその誰か・何かの存在を断定することは，同

語反復的 (tautological) な行為であり，伝達上，情報量をまったく欠く．これは，会話における量の格率に明らかに反する．ただし次の例が示すとおり，「(...以外の)誰か」というように対比性が明確に表されているならば，問題はない．

(33) Sophie tried to imagine herself shaking hands and introducing herself as Lillemor Amundsen, but it seemed all wrong. It was someone else who kept introducing herself.
  (Gaarder, *Sophie's World*, p. 3)

また，次のような文の悪さも，前提との関連で理解できる．

(34) a. *It's nothing that I eat.   (Schachter 1973, 29, fn. 11)
  b. *It was no one who came in.
  c. *It was not anything that he told me.
  d. *What happened was nothing.   (Declerck 1988a, 86)

存在することが前提とされている変項に対し，それを満足する値が何もないと断定することは，明らかに矛盾 (contradiction) である．

分裂文・擬似分裂文における変項の存在の「前提」とは，文が真または偽という値を持つための必要条件 (いわゆる論理的な前提．cf. Chomsky 1972, 100, fn. 27) ではなく，語用論的な前提 (Stalnaker 1974) であるとする考えが一般的である (Jackendoff 1972, ch. 6; Rochemont 1986, ch. 5; Declerck 1988a, ch. 1; 太田 1980, 203–204; H & P 2002, 40–41; etc.)．語用論的な前提というのは概略，「談話の中で話し手が聞き手と共有しているとみなし，当然視している情報」というものであり，これはつまり，コミュニケーションが行われる際の背景・基盤となる「旧情報」に相当する．分裂文・擬似分裂文の「前提」は，したがって発話の適切性 (appropriateness) に関わる概念であり，それが満たされていない場合，文の発話は談話において不適切なものとなる．たとえば擬似分裂文 (27) は，それが発話される時点で「ジョンが殺したものの集合の存在」が文脈内になければ，つまり話者と聞き手の双方によって了解されていなければ，適切

な発話とはならない．逆に言うと，この文の発話が適切であるためには，談話文脈における話し手と聞き手の共通基盤（common ground）として，その前提が含まれていなければならないということであるから，前提とは，その文を適切に発話しうるような談話文脈に対する制限であると捉えることもできる（Stalnaker 1974; Chierchia and McConnell-Ginet 1990; なお Rochemont (1986, 39) の「前提条件」(Presupposition Condition) も参照）．

　前提をこのように語用論的に規定した場合，それはほぼ旧情報に相当するものとみなすことができ，Rochemont (1986) の用語を用いれば，文脈から解釈可能（c-construable）な情報ということになる（⇒ 3.1.3）．Rochemont による対比的焦点の定義からすると，前提（分裂文から焦点を差し引いた残りの部分）は文脈から解釈可能であるとされるのであるが，これは単に談話内に先行詞を持つという場合だけではなく，それが発話の状況において聞き手の意識にあり，注意を向けられていると考えられる場合も含む．1つ，例を見てみよう（Rochemont 1986, 132）．

　(35)　It was an EARTHQUAKE that shook the house last night.

いま A と B が同じ家に住んでおり，ある朝起きてきた 2 人が台所で顔を合わせたものと仮定してみよう．B は A よりも遅くまで起きていて，ラジオですでにニュースを聞いているものとする．このような状況で B が A に (35) を言ったとすると，当然談話内に先行詞があるわけではないのであるが，にもかかわらずこれは適切な発話となりうる．昨晩のうちに家が揺れたということ（昨晩家を揺すったものの集合の存在）に A の注意が向けられていると B が考えているかぎりにおいて，それは文脈から直接的に解釈可能であり，「前提」として扱われるのである．このような場合の「文脈から解釈可能な情報」は，単に話者と聞き手が共有しているというだけでなく，聞き手の意識に与えられているという点で，旧情報としても強いものと言える（後出 (48) も参照）．先に，分裂文 (3) が談話の初頭で用いられるのは不自然であると言ったのは，このような旧情報・前提が想定しにくいためであるが，「聞き手に届いたものの集合の存在」に対し

て聞き手の注意が向けられていると考えられるような発話場面が仮に与えられたとすれば，自然に感じられるであろう．

なお分裂文の前提は，正確には分裂節ではなく「分裂文から焦点を差し引いた残りの部分」とみなすべきなのであるが，この理由は，焦点構成素の一部分も前提に含まれる場合があるからである．

(36) Was it an ex-convict with a red shirt that he was warned to look out for?

(37) a. No, it was an automobile salesman that he was warned to look out for.
b. No, it was an ex-convict with a red tie that he was warned to look out for. 　　　　(Jackendoff 1972, 232)

疑問文 (36) に対して (37a) のような答えが与えられた場合，両者の持つ前提は {x: he was warned to look out for x} という集合の存在であって，これは分裂節の部分に対応するのであるが，(37b) が答えの場合，前提は {x: he was warned to look out for an ex-convict with a red x} という集合の存在であり，分裂節だけでなく焦点構成素の一部分をも含んだものとなる．分裂文は基本的に，前提と断定(焦点)の区別を It be ... that ... という構造的な枠組みによって明示した構文とみなせるものであるが，焦点(変項の値)は be 動詞の直後の構成素全体であるとはかぎらず，そこに含まれる一部の要素だけという場合もあるのである．

指定文の前提が「話し手と聞き手の共有情報」として規定されるということは，それが文法的には定のものとして表されるということを意味する．通例，指定文の主語(変項・前提)は定名詞句によって表され，不定名詞句は用いられない．

(38) a. *A man I met yesterday was Jack Jones.
b. *A thing they bought was a new car.
c. *An order that he gave us was to dress ourselves.
　　　　　　　　　　　　　　　(Higgins 1979, 224)

同じように，擬似分裂文で前提を表す主語は，定自由関係節（definite free relative）に限られ，-ever を含む不定自由関係節は許されない．

(39) Whatever he told them was a secret.
　　　(cf. What he told them was a secret.)
(40) *Whoever did it was John.　　　　　(Declerck 1988a, 72)

不定自由関係節が使われた場合，もはや指定文としての解釈はできなくなるので，(39) は叙述文（「彼が彼らに語ったことはすべて秘密にされた」）としてしか解釈されない．また (40) は John が叙述的に解釈できないため，叙述文の解釈も与えられず非文となっている．

ただし擬似分裂文の主語自由関係節は，定であっても指示的な働きは持たない．次の (41) は指定文であり，「彼が結婚したがっている対象としての条件を満たすもの，それは女優である」という解釈を与えられる．彼が結婚したいと思っている特定の女性を指してその人が女優という職業にあると述べる叙述文ではない．

(41) What he wants to marry is an actress.

このような what 節の働きは「見出し（表題）的」（superscriptional）と呼ばれることがあるが，定名詞句のいわゆる属性的用法との区別は明確でない（Gundel 1977, 545, fn. 4; Higgins 1979, 268–270; Declerck 1988a, 47–50）．いずれにせよ指示的でないため，叙述的な解釈のみを持つ述部が続くと非文となる．

(42)　a. *What he wants to marry is over there.
　　　b. *What he wants to marry may / must / will be able to act.
　　　c. *What he wants to marry is blonde and wealthy.
　　　　　　　　　　　　　　　　　　　　　(Higgins 1979, 270)

次例も参照されたい（Prince 1978, 885, fn. 3）．

(43)　What John wants to marry is a Norwegian. *She has long hair.
　　　(cf. . . . She should have long hair.)

なお，分裂文の分裂節は形式上名詞句ではないが，それが表す変項は一般に the X that... とパラフレーズできるような定的なものである (Declerck 1988, 21, 185)．

　最後に，分裂文の前提と否定との関わりを見ておこう．一般に，分裂文の否定は前提を消すことはないとされる．否定辞の not は断定の部分に作用して，変項の値がこれこれではないと言うだけであって，変項の存在自体を否定することはない ((8), (9) 参照)．次の例文は Prince (1978, 884) より．

(44)　a.　It wasn't his keys that John lost.
　　　b.　What John lost wasn't his keys.

これらはいずれも，「ジョンがなくしたものの集合 {x: John lost x} の存在」を前提とし，その成員として「鍵」が含まれていないということを述べていると解釈されるのが普通であって，ジョンが何かをなくしたという前提を打ち消しているのではない．したがって，後ろに In fact, he's never lost anything in his life. のような文を続けるのはおかしい．このように否定のもとでも影響されないというのは，一般に論理的な前提の特徴とされるものであるが，しかし実際には，ある種の否定文脈で分裂文の前提は取り消されることもある．

(45)　a.　It is false to say that it was John who caught the thief since the thief got away.　　　　　　　（太田 1980, 168）
　　　b.　It wasn't Susan who solved the problem, because the problem is unsolvable.　　　　　　　（西山 1983, 199）

これらの例における分裂文の部分では，「泥棒をつかまえた人の集合の存在」，「その問題を解いた人の集合の存在」が前提とされているはずであるが，後に続く since や because 以下の部分でこの前提が無効にされていることから，false や not は，この前提も含めた形で文全体を否定していると解釈しなければならない．否定が前提に作用する場合としない場合の区別は明確ではないが，このように文脈により異なった振る舞いを示すと

いうことは，分裂文の前提を語用論的に規定することの根拠となるものである．

5.3 談話における分裂文・擬似分裂文の用法
5.3.1 無標の用法

分裂文と擬似分裂文はともに，対比性および総記性を表す指定文であり，前提と断定(焦点)を構文上明確な形で示すという点で，意味的にはほぼ等価なものと考えることができる．またすでに述べたとおり，どちらも談話の初頭では用いられにくいという談話内機能の点でも共通性を持つ．次のような文は，談話を開始する文としてはすべて容認不可能である．

(46)　a. *Hi! It's Ellen that my name is.
　　　b. *Hi! It's your work that I've heard about.
(Declerck 1988a, 212)
(47)　a. *Hi! What my name is is Ellen.
　　　b. *Hi! What I've heard about is your work.
　　　c. *Hi! What you used to do was go to school with my brother.
(Prince 1978, 888)

これは，分裂文の that 節，擬似分裂文の what 節が旧情報としての前提(話者と聴者の共有情報)を担うはずであるにもかかわらず，先行文脈が何もない談話初頭では普通，その旧情報が得られないからである．ただし(35)について述べたとおり，前提部分が発話の時点で聞き手の意識内にあって注意を向けられているものと発話場面から想定できる場合は，先行文脈がなくてもよい．擬似分裂文でもこれは同じである．たとえば(48)は，教室に入ってきた教授が最初に発したとしてもおかしくはない．

(48)　What we're going to look at today (this term) is . . .
(Prince 1978, 889)

その日(あるいはその学期)何かを考えていくことは，聞き手である学生たちの意識にある(当然視された)ものとみなすことができるので，what 節部分は前提(旧情報)扱いが可能なのである (Huddleston (1984, 466) も

参照)．(このような例では，対比の意味合いが見られない．cf. H & P 2002, 1426.)

　指定文としての分裂文・擬似分裂文の無標の用法は，すでに述べられたことを受けて変項・前提(旧情報)として表し，その基盤の上に値指定・焦点を加えるというものである．前提部分が担う情報は基本的に先行文脈から解釈可能なものであり，伝達上の価値が低いが，焦点はしばしば強勢を持ち，「変項の値として指定される」という意味で「新しい」情報を担う．(対比的焦点は提示的焦点をも兼ねうるので，「談話に新たに導入される」という意味でも新情報と言える場合が多い．)談話における情報の順序は「旧情報から新情報へ」(from old to new, given before new)，となるのが自然であるが，擬似分裂文は前提部を前に，焦点部を後ろに持っているためこの原則によく合致する．次の例を見てみよう．

(49) The key to reaching Mars is doing it smart and doing it cheap. In 1989, during the 20th anniversary of the Apollo 11 lunar landing, President Bush challenged NASA to figure out how to put human beings on Mars. The space agency came back with an elephantine 30-year plan that involved construction bays and fuel depots in low-Earth orbit and carried a jaw-dropping price tag of $450 billion.
　　 What drove up the cost of the project was the size of the spacecraft needed to reach Mars, and what drove up the size of the spacecraft was all the fuel and other consumables it would need to carry with it on so long a trip.
(*Time*, April 10, 2000)

　上の談話では，後半部分で擬似分裂文が2つ使用されているが，どちらも前提(旧情報)から焦点(新情報)への流れをはっきりと示している．最初の擬似分裂文は，前半部分で述べられた「費用の高さ」を前提とし，それをつり上げた原因として「船体の大きさ」を焦点・新情報として述べている．そして次の擬似分裂文は，この「船体の大きさ」を前提とし，それを引き起こした「積載燃料などの多さ」を新情報として述べている．前に(新情

報として)述べられたことを what 節が前提として受け，新たな情報を焦点として表していくという，情報の流れに合致した用いられ方である．

　分裂文は構文上，焦点を前に，前提を後ろに置くという形をとるため，一見自然な情報の流れに反するものであるが，にもかかわらず，前提部分が先行談話を受けて旧情報的に機能するという点に変わりはない．分裂文の前提部は以下のように省略(ないしは切断(truncate))されることもあるが，このような文はもはや新情報である焦点を表すのみであるので，情報の流れに逆らうものではない．

　(50)　A:　Who broke the vase?
　　　　B:　I don't know, but it wasn't me.
　(51)　Who made this mold? Was it the teachers? Was it the medicine man?　　　　　　　　　　　　　　　(Prince 1978, 897)

前提部分が省略されてはいても，(文脈上復元される)変項に対する値の指定がなされている(そして対比を暗示している)という点で，こうした文も指定文(分裂文)とみなすことができる．(そもそも分裂文は，このような変項値のみを表す文に付加的に前提節が添えられて発達したものとする見方もある(Givón 1979, 218).)

5.3.2　情報量豊かな前提部を持つ分裂文

　実際の談話・テクストの中で，分裂文と擬似分裂文がまったく同じように用いられるかというと，実はそうではなく，文脈によっては，一方が他方よりも好ましいという場合がある．つまり，両者の談話内機能には異なる部分があるということである．Prince (1978) によれば，分裂文は擬似分裂文には見られない用法を持つという (H & P (2002, 1425–1427) も参照)．

　上で述べたような用いられ方をする分裂文は，一般に焦点部が強勢を担い，新情報(変項の値)を表し，それ以外の部分，特に分裂節の部分は前提として旧情報を表すというものであった．ところが分裂文には，前提部分が高い情報価値を担っていると思われるものもある．

(52) a. The Indians were helpful in many ways. It was they who taught the settlers how to plant and harvest crops successfully in the New World.　　　　　(H & P 2002, 1424)
　　 b. The leaders of the militant homophile movement in America generally have been young people. It was they who fought back during a violent police raid on a Greenwich Village bar in 1969, an incident from which many gays date the birth of the modern crusade for homosexual rights.
(Prince 1978, 898)
　　 c. Here ... were the ideas which Hitler was later to use. ... His originality lay in his being the only politician of the Right to apply them to the German scene after the First World War. It was then that the Nazi movement, alone among the nationalist and conservative parties, gained a great mass following ...　　　　　(*ibid.*, 902)
　　 d. It was also during these centuries that a vast internal migration (mostly by the Galla) from the south northwards took place, a process no less momentous than the Amhara expansion southwards during the last part of the nineteenth century and the beginning of the twentieth century.
(*ibid.*, 898)

このような例は，特に歴史的事実を述べるような堅い書き言葉に多いようであるが，前提部分によって新情報を表していると考えられる．この場合の前提部分はたいてい，一般の人にはすでに知られている事実であるという形で提示されており，そのため既知の情報とみなしうるが，発話の時点ではまだそれを知らない聞き手に対して新たに伝えられているという点で，新情報とみなされる．しかし新情報とは言っても，一般に知られた事実として(あるいは事実であるかのように)表されるということは，話者がその内容に対して関与・責任を持たないということであり，そのため「これは論点ではない (not at issue)，もう確立されている (settled)」という意味合いが告げられていることになる (Prince 1978, 900; Huddleston 1984,

465; H & P 2002, 1424).（ちなみに(52d)の also は焦点ではなく，that 以下の部分にかかっているものと解釈される．(22a)に対するコメント参照．）

情報量豊かな前提部（informative-presupposition）を持つ分裂文では，一般に焦点部が前方照応的で，したがって先行談話との結束性を示す働きを持つことが多い．(52)の they や then, these centuries などのような照応表現においては，このことが特に明確である．次例のように，照応的な表現を用いずに，先行文に現れた名詞をそのまま焦点位置に繰り返した形もある．

(53) a. But why is everybody so interested in uranium? — Because it is uranium that you need to produce atomic power.

(Declerck 1988a, 220)

b. Within orthodox Hinduism, karma is related to a large extent to the correct performance of ritual. It is ritual that aligns one's life with that of the universe as a whole and thereby wipes away the results of past actions, where these generate unwelcome results.

(Thompson, *Eastern Philosophy*, p. 91)

c. His practice was to draw the attention of his students to three French writers who in his opinion combined the qualities that are the mainsprings of the French character.... They are Rabelais, ... La Fontaine, ... and finally Corneille, with his *panache*.... It was *le panache* that made the French gentlemen at Fontenoy say to the officers of King George II, fire first, gentlemen; it was *le panache* that wrung from Cambronne's bawdy lips at Waterloo the phrase: the guard dies but never surrenders; and it is *le panache* that urges an indigent French poet, awarded the Nobel prize, with a splendid gesture to give it all away.

(Maugham, "Appearance and Reality," p. 175)

このような焦点要素は，先行談話から連続している話題（continuous topic）を受け継ぐもので，選択的対比の意味はかならずしも明確ではない．だが，次のように話題として2人の人物があがっている場合には，対比性が感じられる．

(54) But, little by little, his work in generative grammar became his central focus. Two individuals, the philosopher Yehoshua Bar-Hillel and the linguist Morris Halle, stand out above all others in their encouragement of Chomsky to pursue his ideas along these lines. It was Bar-Hillel who convinced him to put aside all hesitations and postulate ... something very much like the reconstructed historical forms at the abstract morphophonemic level. And it was Halle, whom Chomsky met in the fall of 1951, who, as a result of their constant discussions, was the most decisive factor in causing him to abandon any hope of a procedural approach to linguistic analysis.
　　　　　　（Newmeyer, *Linguistic Theory in America* (2nd ed.), pp. 29–30）

このタイプの分裂文では，対比を明確化する（構成素）否定の形が用いられることはほとんどないのであるが，次のようなものは可能であるとされる（Huddleston 1984, 465）．

(55) It wasn't until he died that she came to appreciate the importance of what he was trying to achieve.

この文の (not) until he died の部分は，何か別の until 節との対比を表すものではなく，when he died という節で表されるような肯定的含意を持つものであるから，対比的焦点ではなく先行談話の内容を受け継いだものとして解釈できる．前方照応的焦点は明らかに旧情報（文脈から解釈可能な情報）を担うのであるが，それが変項の値として指定されているという点では，依然として新情報と言えよう．

　このように，前方照応的な焦点が先行文脈から継続する話題を受け，前

提部分がそれについて新たな情報を与えるという用法は，基本的に分裂文特有のものと言えそうである．分裂文は擬似分裂文と違って，焦点を前に，前提を後ろに置く(つまり「新情報 → 旧情報」の順を持つ)ので，談話における自然な情報の順序に即した形になるように，こうした用法が動機づけられると言えるかもしれない．擬似分裂文は本来「旧情報 → 新情報」の順を持つので，この動機づけを欠くわけであるが，分裂文と同様に前提節が焦点よりも後ろに置かれる場合には，次例のように焦点を照応的話題とし，前提部に豊かな情報を担わせるという用法が可能になる．(Huddleston 1984, 466; Declerck 1988a, 222)．

(56) A: Why do you like Paris so much?
　　　B: a. Because that's where I met my future wife.
　　　　　b. *Because where I met my future wife is that.
　　　　　　　　　　　　　　　　　(Declerck 1988a, 222)

この例では，焦点として前方照応的な that が用いられていることに注意されたい．Higgins (1979, 234ff.) は (57a) のような例に基づいて，擬似分裂文の焦点は前方照応的ではありえないとしているが，語順を転倒した (57b) では，これは当てはまらない．

(57) a. *What I have been telling them would happen all along is that.
　　　b. That is what I have been telling them would happen all along.　(Higgins 1979, 233–234)

(57b) では，is の後ろに現れた what 節が新情報を表していると解釈できると思われるのであるが，このような場合，焦点部は先行談話から連続する話題を引き継ぐものとして，前方照応的な要素でありうるのである．

5.3.3　強調的分裂文

　分裂文・擬似分裂文は談話の初頭には用いられないのが普通であるが，(35) や (48) で見たように，前提部分が発話状況からして旧情報的なもの

第 5 章　分裂文の意味的特性　159

と解釈できるならば，先行文脈がないところでも用いられるのであった．ところが，発話状況からも旧情報とはみなせない(したがって新情報を担う)前提部を持った分裂文が，談話の先頭に現れることがある．

(58) a. It was just about 50 years ago that Henry Ford gave us the weekend. On September 25, 1926, in a somewhat shocking move for that time, he decided to establish a 40-hour work week, giving his employees two days off instead of one.
　　　　　　　　　　　　　　　　　　　　　(Prince 1978, 898)
　　　b. It is through the writings of Basil Bernstein that many social scientists have become aware of the scientific potential of sociolinguistics . . .　　　　　　　　(ibid., 902)

次の擬似分裂文も，先行文脈のないところで用いられたものである．

(59) a. What I have often asked myself is how other linguists manage to keep abreast with the rapid developments in the different fields of linguistics while still finding time to go on writing articles themselves. One colleague who has proved to be able to do this and who I have the honour to introduce to you tonight is Mr . . .
　　　b. My dear friends, what we have always wanted to know, but what the government has never wanted to tell us, is what exactly happens at secret conferences like the one you have been reading about in the papers this week. . . .
　　　　　　　　　　　　　　　　　　　　　(Declerck 1988a, 213)

これらは，情報量豊かな前提部を持つという点では前節で見たものと違わないが，焦点部の要素が比較的長く，前方照応的性質を持たないという点で異なっている．焦点が前方照応的でないということは，先行談話との結束がないということであり，新情報を表すということである．つまり(58)や(59)の例では，前提部分と焦点部分の両方が新情報を担っているわけで，Declerck (1988a, ch. 5) はこのような分裂文を，先行談話との

話題の連続性を持たないという意味で,「不連続分裂文」(discontinuous clefts) と呼んでいる．不連続分裂文はこれまで見てきた他の用法の分裂文に比べて，変項値の指定という機能が弱く，もっぱら強調機能を果たすという．

第6章 焦点化副詞

6.1 焦点化副詞による焦点化

　英語には，文中の一部の語句と結びついて，意味上その語句を特に際立たせるような一群の副詞がある．次の文を見てみよう．

　（1）　I only kissed your sister last night.

この文は（音調や文脈を抜きにすれば）いく通りかに解釈できるのであるが，この曖昧性は，副詞 only がどの語句と結びつけて解釈されるかによる．たとえば kissed と結びつけられれば「僕は昨晩君の妹にキスしただけだ，他には何もしていない」という解釈になり，your sister と結びつけられれば「僕は昨晩君の妹だけにキスしたのだ，他の誰にもしていない」となり，last night と結びつけられれば「僕が君の妹にキスしたのは昨晩だけだ，その他の時にはしていない」と解釈できる．同様の曖昧性は only の他に just や even, also など，いくつかの限られた副詞に関しても見られる．このような副詞は，「焦点化副詞」（focusing adverb）と呼ばれる．

　Quirk et al. (1985, ch. 8) の副詞分類によれば，これら焦点化副詞は下接詞（あるいは従接詞（subjunct））の一種として位置づけられるもので，大きく「限定的」（restrictive）なものと「追加的」（additive）なものの2種類に分けられる．限定的な焦点化副詞はさらに，「排他詞」（exclusive）と「特定化詞」（particularizer）の2つに区分される．

（2）　焦点化副詞 ┬ 限定的 ┬ 排他詞：only, just, simply, merely など
　　　　　　　　　│　　　　└ 特定化詞：chiefly, especially, mainly など
　　　　　　　　　└ 追加的：even, also, too, as well, similarly など

　排他詞は only や just を含むもので，文中のある要素 X と結びついた場合，その文の表す状況が X だけについて成立するものであって，それ以外のものについては成立しないという解釈をもたらす．特定化詞は，その状況が主に(特に) X について成立し，他のものについては(さほど)当てはまらないという意味を表す．これらはいずれも，X を含む文の表す状況が成立する範囲を狭め，限定するという働きを持つ．一方，追加的焦点化副詞の even や also は，「(他のものに加えて) X も」という意味を共有し，それを含む文の表す状況が他の (X 以外のものを含む) 文の表す状況と並んで成立するということを示す（⇒ 6.3）．

　このような大まかな意味規定からもわかるとおり，限定的なものにせよ追加的なものにせよ，焦点化副詞が結びつく要素は，それ以外のものや人との関連において，つまり他との比較・対比において解釈される．したがって，焦点化副詞が結びつけて解釈される要素とは，正確には「対比的焦点」のことである．焦点化副詞はそれと結びつく要素を対比的に焦点化する，という言い方をしてもよい．

6.2　焦点化副詞の分布制限：焦点との連合

　上の例で見たように，焦点化副詞と焦点との結びつきにはいろいろな形がありうるため，文の解釈に曖昧性が生じることもあるのであるが，どんな結びつき方でも許されるというわけではない．たとえば，(1) で only が主語の I と結びつけて解釈されることは普通ない．次例におけるような焦点化副詞と(大文字で示してある)焦点との結びつけも不可能とされる．

（3）　a. *JOHN just gave his daughter a new bicycle.
　　　　　　　　　　　　　　　　　　　　（Jackendoff 1972, 250）
　　　b. *Also JOHN tried one of the pills.　（Declerck 1991, 229）

焦点化副詞と焦点との結びつけ方には，したがって，何らかの制限が課せられていると考えなければならない．このような制限を述べる規則は，「焦点との連合」(association with focus) の規則と呼ばれることがある (Jackendoff 1972, 249)．焦点との連合は，音調・強勢や文脈に依存する部分もあるのであるが，その制限の根本的なところは，焦点化副詞と焦点との左右関係や構成素構造関係など，統語的な概念に基づいて述べることができるものと思われる．

　焦点化副詞のうち，限定的なものは一般に焦点よりも左に置かれ，特に焦点のすぐ左(直前)に生じることが多い．つまりこれらは，その右にある焦点と連合する．例文 (3a) が容認されないのは，just がその左にある主語とは連合されないためである．Jackendoff (1972, 250) は only についても同じ制限が働くと言うが，実際には only がその左にある焦点と結びつけられる例が見られる．Quirk et al. (1985, 608) では次のような例があげられている．

　　(4)　a.　TEN WORKERS only reported sick yesterday.
　　　　　b.　I saw his ELDER brother only.

したがって only に関しては just と異なり，左にある焦点との連合が認められる場合があるとせねばならない．

　追加的な焦点化副詞も基本的には焦点の左に生じるが，焦点の右に生じることも可能である．特に主語と結びつけられる also は，かならずその右(後ろ)に現れねばならない(ゆえに (3b) は不可)．また too や as well などは焦点よりも右，特に (5) のように文末位置に生じるのが普通である．なお also と異なり，even は主語の左に現れうる．

　　(5)　I've read the book and I've seen the film as well / too.

　左右関係の点からは以上のような制限が考えられるが，これだけでは不十分であるということは次の例からも明らかである．

　　(6)　a.　*Sam put only salt on the POTATOES.
　　　　　　　　　　　　　　　　　　　　(McCawley 1988, 8)

b. *Jones eats even Skrunkies for BREAKFAST.

(Anderson 1972, 899)

これらにおいて only や even は焦点より左に生じているにもかかわらず，連合が不可能となっている．ここに見られる制限を適切に述べるには，左右関係だけでなく，文の構成素構造に言及しなければならない．一般に only と even は，焦点となる要素のただ左にあればよいわけではなく，焦点を含む構成素の左(直前)に生じなければならないと考えられる（cf. McCawley 1988, 8, 52–53, 63．なお，also と too は焦点を含む構成素の右に生じるとされる）．この構成素の制限の観点から (6a) を見てみると，only は salt on the potatoes という連鎖の左に現れているのであるが，これは単一の構成素を成すものではないため，連合が成立しないものと説明できる．

（7）*Sam put only [NP salt] [PP on the POTATOES]

この位置に現れた only が適切に解釈されるとすれば，それは名詞句という構成素を成す salt を焦点とする場合だけである．前置詞句の on the potatoes や動詞句 put salt on the potatoes は焦点の potatoes を含む構成素であるから，これらの左に only を置いた場合は焦点との連合が成立する．

（8） a. Sam put salt only [PP on the POTATOES]
　　　 b. Sam only [VP put salt on the POTATOES]

この (8b) のように，焦点化副詞が動詞句の左，つまり主語と動詞の間の位置に生じている場合，それは動詞句に含まれるどんな要素を焦点として結びつくことも可能である．したがって (8b) は potatoes を焦点とする解釈だけでなく，（適切な音調のもとでなら）salt や put を焦点とする解釈とも矛盾することはないし，前置詞句や動詞句全体を焦点とする解釈も可能である（(1) の曖昧性も同様に説明される）．(6b) についてもほぼ同様のことが言えるが，only とは異なり，even が主語と動詞の間にある場合は，主語を焦点として解釈することも可能である．

なお，焦点化副詞が文頭に現れている場合は，原理的には，主語名詞句

(NP) という構成素，あるいは文全体 (S) という構成素のいずれの左にあるものとしても解釈できるはずである．だとすれば (9) の even は，(10a) と (10b) のどちらの位置にあるものとしても分析できるはずである．

(9)　Even the younger children enjoyed the concert.
(10)　a.　Even [NP the younger children] enjoyed the concert.
　　　b.　Even [S the younger children enjoyed the concert]

ところが実際には前者の解釈 (10a) しかなく，(9) は主語名詞句(の一部)を焦点とする読みしか持たない．仮に (10b) が認められたとすると，構成素の制限からして，文に含まれるあらゆる要素が(そして文全体もが)焦点となりうるはずであるが，そのようなことはない．次例も同様で，only と連合されうるのは主語の John だけである．

(11)　*Only John drinks BEER.　　　　　(McCawley 1988, 53)

したがって，焦点化副詞は文構成素の左には生じることができないという制限を，独立に立てておかねばならない．

　文全体を焦点とする解釈は，even や only が文頭ではなく，主語と動詞の間(または最初の助動詞・完了の have・be 動詞の直後)の位置に生じた場合に可能とされる．

(12)　a.　This has been a strange year: there was a total eclipse of the sun, rivers rose up out of their banks, men bit dogs, and Harvard has even been holding pep rallies.
　　　　　　　　　　　　　　　　　　　　　　(Anderson 1972, 899)
　　　b.　He's only thinking about marrying a fellow doctor.
　　　　　[= The situation is only that he's thinking about marrying . . .]　　　　　(Quirk et al. 1985, 607)

(12a) の最後の文は「ハーヴァード大学が激励会を開くということさえもあった」という意味で，文全体の表す出来事が(他の出来事との比較において)焦点となっている．(12b) もパラフレーズが示すように，「彼が同僚

の医者との結婚を考えているということがあるだけだ(その他のことは何もない)」という,やはり文全体を焦点とする解釈を持ちうる.焦点に関する多くの曖昧性を生むだけでなく,こうした解釈をも可能とする点で,主語と動詞の間の位置というのは特異なものと言える.

　焦点化副詞と焦点との連合の可能性が,基本的には「焦点化副詞はそのすぐ右(あるいは左)にある構成素に含まれる焦点と連合される」というふうに構成素構造の観点から制限されるということは,逆に言えば,焦点化副詞の分布を手がかりにして文の構成素構造に関する情報を得ることができるということである.たとえば(13)を見てみよう(McCawley 1988, 63).

(13) a. John stupidly informed Mary.
　　　b. John mildly reprimanded Mary.

このような文では,副詞が動詞のみを修飾しているのか,それとも目的語も含めた動詞句全体を修飾しているのか判然としない.どちらも副詞,動詞,名詞の連鎖を含んでいて表面的には差がないため,この修飾先の違いを見極めることは一見難しいのであるが,しかしこれらに焦点化副詞を加えてみると,修飾先の違いが構成素構造の違いとして浮かび上がってくる.目的語の Mary を焦点とする only が動詞の左につけられるかどうかを試してみると,次のような結果となる.

(14) a. John stupidly only informed MARY.
　　　b. *John mildly only reprimanded MARY.

焦点との連合に関する構成素性の制限からすると,(14a)で焦点化副詞 only がこの位置に現れうるということは,その右の informed Mary の部分が構成素を成しているということである.そして(14b)で only がこの位置に現れえないということは,その右の reprimanded Mary が構成素を成していないということである.ただし次のような形が可能なことから,mildly reprimanded Mary は構成素であることがわかる.

(15) John only mildly reprimanded MARY.

以上のことから，(13) の 2 つの文はそれぞれ，次のような構成素構造を持っているということがわかる．

(16) a. John [stupidly [informed Mary]]
　　 b. John [[mildly reprimanded] Mary]

前者は副詞が動詞句全体を修飾するものであり，後者は副詞が動詞のみを修飾するものである．焦点化副詞の分布はこのように，語句の修飾関係・構成素構造を確認するためのテストとして利用することができる．

6.3　焦点化副詞の意味：断定，前提，含意

　焦点化副詞と連合する語句は対比的焦点として解釈されるわけであるが，この対比の意味は，焦点要素と他の要素との間に生まれるものである．したがって，焦点化副詞を含む文が用いられる場合は常に，焦点に関することだけではなく，焦点と対比関係にある何らかのものや人に関わることも意味されることになる．このような意味は，文の断定として表されたり，前提として表されたりする．以下では，限定的焦点化副詞の中からonly を，追加的焦点化副詞の中から even をそれぞれ取り上げ，その断定や前提を見ていく．

6.3.1　Only

　only は排他の意味を持つ．つまり，焦点 X と連合した場合，その文の表す事態が X だけについて当てはまり，X 以外のものについては当てはまらないということを意味するのである．これは，総記性というのと異なるものではない．この排他(あるいは総記)の意味は only を含む文の断定として表され，また，文から only を除いた部分は前提とされるものと考えられる (Horn 1969; Rooth 1996; H & P 2002, 588)．
　具体例を見てみよう．

(17)　Only Steve came late.

この文は次のような前提と断定を持つものと分析できる．

(18) 前提： スティーヴは遅刻してきた．
　　　　　　（スティーヴは「遅刻してきた人の集合」の成員である．）
　　　断定： 遅刻してきた者はスティーヴ以外にはいない．
　　　　　　（「遅刻してきた人の集合」の成員はスティーヴ以外にはない．）

この前提は (17) から only を除いた Steve came late のことであり，話者が (17) を発する際に，聞き手にも了解済みの当然のこととして扱っている部分である．つまり (17) は，「スティーヴが遅刻してきたこと」を話者・聞き手の共通基盤・背景として成り立っており，そのうえに，「遅刻者が他にはいなかったこと」を伝えているのである．スティーヴは遅刻しなかった他の人との対比によって際立たせられているという点で，文の焦点と見なされる．

only が焦点以外のものを排するという否定的な断定を持つということは，それが否定辞と同様に，主語助動詞の倒置（Only then *did Steve realize his mistake.*）や否定極性項目（negative polarity item）の生起（Only Steve knows *anything* about it.）を認可するという点からもうかがうことができる．

このような排他・総記性の意味は分裂文にも見られるものであるが，分裂文の総記の意味は，変項への値の付与に伴う含意（implicature）として得られるものであって，断定ではない（⇒ 5.2.1）．その点が only の場合と異なる．

(19) 　　It was Steve who came late.
(20) 前提： 誰かが遅刻してきた．
　　　　　　（「遅刻してきた人の集合」が存在する．）
　　　断定： 遅刻してきたのはスティーヴである．
　　　　　　（スティーヴは「遅刻してきた人の集合」の成員である．）

分裂文 (19) の前提と断定は，それぞれ (20) に示されるものと見なせる．断定されているのは，問題の集合にスティーヴが属しているということであるが，これは通常（量の格率に従って）他にこの集合に属す者がいないと

いう形で理解されるため，結局，含意として排他・総記の解釈が得られるのである．排他・総記そのものが断定されているわけではない．（もちろん分裂文の焦点の位置に only を含む要素が生じた場合は，排他・総記が断定されることになる．）

上の例では only が名詞焦点と連合しているが，形容詞や動詞などの述語 (predicate) が焦点となる場合には，排他性に加えて，さらに別の意味が表される．これは「程度・段階の前提」とでも呼べるもので，焦点となっている述語よりも（ある尺度のうえで）程度の高い述語の存在が前提とされる．次の例を見てみよう．

(21)　Steve only DISLIKES Mary.

動詞 dislike が焦点となっている場合，排他性の意味（「スティーヴはメアリーに対して嫌いだという感情を抱くだけであって，それ以外のこと（たとえば殴ったり蹴ったり）はしない」）もあると思われるが，それに加えて「嫌悪の尺度」のうえで dislike 以上のもの（たとえば hate や loathe）まではいかないということも表されている（「スティーヴはメアリーを嫌っているだけで，憎むまではいっていない」）．ということはつまり，(21) が発せられるときにはこの尺度上，dislike よりも程度の高い述語の存在が話者の念頭に置かれているわけで，それが当てはまらないということが述べられているのである．したがって (21) は，次のような前提と断定を持つものとして分析できる．

(22)　前提 1:　スティーヴはメアリーを嫌っている．
　　　　　　　（「嫌う」は「スティーヴのメアリーに対する態度・行為の集合」の成員である．）
　　　前提 2:　嫌悪の尺度において「嫌う」以上の述語が存在する（たとえば「憎む」）．
　　　断定:　　スティーヴはメアリーに対して「嫌う」以上のところまでは行かない．
　　　　　　　（「嫌う」以上の述語は「スティーヴのメアリーに対する態度・行為の集合」の成員ではない．）

この断定は，たとえば he doesn't hate her. のような文を続けることで明示されうる．

　程度・段階の前提の意味は，もちろん何らかの尺度のうえに位置づけられるような述語に関して生じるものであって，そのような尺度の想定，段階づけが困難であるような述語が焦点となった場合には，生じにくい．

（23）　?John only EATS rice（...?）.
　　　　 (cf. John only LIKES rice（...he doesn't LOVE it）.)
　　　　　　　　　　　　　　　　　　　　　　　　　　（Horn 1969, 102）

（23）では述語 eat が焦点として only と結びついているが，eat を段階づけるような尺度を想定することは難しい．後に he doesn't... と続けようとしても，「...」の位置にどのような述語を入れてよいか容易には思い浮かばないはずである．このような場合は，性質の異なる（同じ尺度には位置づけられない）述語との間で対比が表されていると考えるしかなく，名詞焦点の場合と同じく排他の意味に解するしかないであろう（「ジョンは米を食べるだけであって，（たとえば）切り刻んだり投げたりはしない」）．逆に，主に程度・段階の意味を表すような述語に only がついた場合は，程度・段階の前提が前面に出て，排他性は感じられない．数詞などは，この段階性述語の典型と言えよう．

（24）　Only TWO students passed the exam.

この例では，「試験に合格した学生の数は（数量の尺度において）2以上のところまではいかない」ということを断定しているものと理解され，異なる尺度上の性質と対比させられているという解釈はできない．

　以上の分析を少し一般的な形で表すと，次のようになる．（焦点 F と連合する only を含む文を only [$_S$...F...] と表すことにする．また，[$_S$...X...] は F の位置に X を置き換えたものとする．）

（25）　only [$_S$...F...] の前提と断定
　　　　a．F が名詞（あるいは非段階性の述語）のとき
　　　　　　前提：[$_S$...F...] が成立する．

第 6 章 焦点化副詞　171

　　　　　断定：[s...X...] を満たすような X は F 以外にはない．
　　　b. F が段階性の述語のとき
　　　　　前提：[s...F...] が成立する．
　　　　　前提：ある尺度のうえで F よりも段階が上の述語 G が存在する．
　　　　　断定：[s...G...] は成立しない．

(25a) の断定は排他・総記を表し，(25b) の断定は(尺度上の)高い段階に達しないということを表す．(なお名詞であっても叙述名詞などは段階性の解釈を認めるので，(25b) に含まれる．) only に対応する no other than および no more than という 2 つのパラフレーズは，(25) の 2 つの断定にそれぞれ対応するものとみなせる．

6.3.2　Even

　追加的焦点化副詞である even を含む文は，断定に関するかぎり，それを含まない文と同じ意味を持っているとみなすことができる．次の文は John speaks Quechua. という文と同じく，「ジョンはケチュア語を話す」ということを断定している．

　(26)　John speaks even Quechua.

したがって，even を含む文が持つ意味的な特徴はその前提にあるということになるのであるが，even の前提には 2 種類あると考えられる．1 つは存在の前提であり，もう 1 つは蓋然性 (probability) の前提である (Horn 1969; Anderson 1972; Karttunen and Peters 1979; Chierchia and McConnell-Ginet 1990; H & P 2002, 594)．(26) の 2 つの前提は次のように表すことができる．

　(27)　a.　ケチュア語以外にもジョンが話す言語(たとえば英語やスペイン語)がある．
　　　　　(「ジョンが話す言語の集合」の成員は「ケチュア語」以外にも存在する．)

b. ジョンがケチュア語を話すことは（ジョンが英語やスペイン語を話すことに比べて）ありそうにない，期待されないことである．
（「ジョンが話す言語の集合」に「ケチュア語」が含まれることは（それ以外の言語が含まれることに比べて）蓋然性が低い．）

(27a) が存在の前提を表す．ジョンが話す言語としてケチュア語以外のものの存在が前提されているということは，「ジョンはケチュア語を話す」という断定が「ジョンは英語を話す，ジョンはスペイン語を話す，ジョンはポルトガル語を話す，...」のような文脈でなされるというのと同じことであるから，焦点「ケチュア語」が追加的な性質を持つということは明瞭である．存在の前提は，even にかぎらず追加的焦点化副詞が一般に共有する意味特性であるとみなそう．

一方 (27b) は，蓋然性の前提を表している．蓋然性の前提とはつまり，文の表す状況が成立することへの期待の低さを表すものであるから，これを背景にしてその状況が成立するとの断定が行われた場合，「驚き」の意味合いが生じるのが自然である．この「驚き」の意味は even に特有のものであり，also や too などには見られない．つまり even 以外の追加的焦点化副詞には，蓋然性の前提がない．

なおここでは，これら 2 つをともに「前提」として分析しているが，両者が意味上まったく同じ資格のものであるかどうかは実は明確でない．というのも，これら前提を否定するような文を続けた場合，容認度に違いが生じるからである．(26) の後に，その存在の前提を否定するような文 (... but he doesn't speak any other language.) を続けたとすると，完全に矛盾した逸脱文となるが，蓋然性の前提を否定するような文 (... but that is just as one should expect.) は続けることが可能とされる（cf. Lakoff 1972, 581–582; Karttunen and Peters 1979, 12f.）．したがって，厳密には両者を性質の異なる意味として扱うこと（たとえば後者を会話の含意として扱うなど）が必要であるが，特に文脈によって否定されないかぎりは，どちらの意味も話者と聞き手の双方によって了解されていると考え

られるため，両前提とも旧情報的なものであり，したがってその点では同等のものと扱ってよいであろう．

次の例では，even の 2 つの前提が文脈にはっきりと生じている．

(28) Everyone I know likes the smell of bacon — even Mike does and he's a vegetarian.

上の分析によれば，even Mike does [like the smell of bacon] は「マイク以外にもベーコンの匂いが好きな人が存在する」および「マイクがベーコンの匂いを好むというのは，蓋然性の低い，ありそうにないことである」という 2 つの前提を持つ．Everyone I know likes the smell of bacon の部分がこの存在の前提を表していることは明らかである．最後の he's a vegetarian という文はマイクが菜食主義者であると述べているのであるが，菜食主義者であれば当然ベーコン（を含む肉類）の匂いを好むことはありそうにないと考えられるから，これは蓋然性の前提を表したものとみなせる．

even が存在および蓋然性の 2 つの前提を持つと考えれば，次のような文が容認されない理由が説明できる．

(29) *Even John speaks even Quechua.

最初の even には (30) の 2 つの前提が，後の even には (31) の 2 つの前提があるものと分析できる．

(30) a. ジョン以外にもケチュア語を話す人がいる．
b. ジョンはケチュア語を話しそうにない人である．
(31) a. ケチュア語以外にもジョンが話す言語がある．
b. ケチュア語はジョンによって話されそうにない言語である．

ところが，これら前提に基づいて自然な推論を行うと，明らかに矛盾が生じてきてしまう．(30b) から「ジョンは語学の苦手な人である」ということが推論できるのであるが，これは (31a) から推論される「ジョンは語学の得意な人である」ということと明らかに矛盾する．また，(30a) から「ケチュア語を話す人はたくさんいる」ということが推論できるが，これは (31b) に基づく推論「ケチュア語を話す人はそう多くない」ということ

と矛盾する．このように 2 つの even を含む文は，前提（およびそれに基づく推論）の間に矛盾を生じるため意味的におかしいものとなる．したがって，よほど特殊な文脈が与えられないかぎりは容認されない（Anderson 1972, 903–905）．

以上の分析は，次のような形に一般化することができる．

(32) even [$_s$...F...] の前提と断定
　　　前提（存在）　：[$_s$...X...] を満たすような X が F 以外にも存在する．
　　　前提（蓋然性）：[$_s$...F...] の蓋然性は（どの [$_s$...X...] よりも）低い．
　　　断定　　　　　：[$_s$...F...] が成立する．

これを only の分析 (25) と比べてみれば，これら焦点化副詞の意味上の類似点・相違点が明瞭となる．すなわち，even の持つ存在の前提は（名詞焦点と連合する）only の排他の断定と正反対のものであり，また，even の断定は only の前提に等しいのである（Horn 1969）．

(33)　only　　　even
　　　断定　⇔　前提（存在）
　　　前提　＝　断定

他の焦点化副詞の分析もこれらに準じて行えるとするならば，(33) に示す前提・断定の関係は，限定的焦点化副詞（排他詞）および追加的焦点化副詞の一般的な意味的関連を表すものとみなすことができよう．

参 考 文 献

Aissen, Judith (1975) "Presentational-There Insertion: A Cyclic Root Transformation," *CLS* 11, 1–14.
Akmajian, Adrian (1970) "On Deriving Cleft Sentences from Pseudo-Cleft Sentences," *Linguistic Inquiry* 2, 149–168.
Akmajian, Adrian (1975) "More Evidence for an NP Cycle," *Linguistic Inquiry* 6, 115–129.
Akmajian, Adrian, Susan M. Steele and Thomas Wasow (1979) "The Category AUX in Universal Grammar," *Linguistic Inquiry* 10, 1–64.
Alphonce, Carl and Henry Davis (1997) "Motivating Non-directional Movement," *Rightward Movement*, ed. by Dorothee Beerman, David LeBlanc and Henk van Riemsdijk, 7–35, John Benjamins, Amsterdam.
Anderson, Stephen R. (1972) "How to Get *even*," *Language* 48, 893–906.
Baker, Carl Lee (1978) *Introduction to Generative-Transformational Syntax*, Prentice-Hall, Englewood Cliffs, New Jersey.
Baker, Carl Lee (1989) *English Syntax*, MIT Press, Cambridge, MA.
Baltin, Mark (1978) *Toward a Theory of Movement Rules*, Doctoral dissertation, MIT.
Baltin, Mark (1981) "Strict Bounding," *The Logical Problem of Language Acquisition*, ed. by Carl Lee Baker and John J. McCarthy, 257–295, MIT Press, Cambridge, MA.
Barss, Andrew and Howard Lasnik (1986) "A Note on Anaphora and Double Objects," *Linguistic Inquiry* 17, 347–354.
Bennett, Paul (1995) *A Course in Generalized Phrase Structure Grammar*, UCL Press, London.
Bever, Thomas G. (1970) "The Cognitive Basis for Linguistic Structures," *Cognition and the Development of Language*, ed. by John R. Hayes, 279–362, John Wiley & Sons, New York.

Birner, Betty J. (1994) "Information Status and Word Order: An Analysis of English Inversion," *Language* 70, 233–259.

Bolinger, Dwight L. (1952) "Linear Modification," *Publications for the Modern Language Association* 67, 1117–1144. [Reprinted in *Forms of English: Accent, Morpheme, Order*, ed. by Isamu Abe and Tetsuya Kanekiyo, 279–307, Hokuou, Tokyo, 1965]

Bresnan, Joan (1994) "Locative Inversion and the Architecture of Universal Grammar," *Language* 70, 72–131.

Browning, Marguerite Ann (1991) *Null Operator Constructions*, Garland, New York.

Carlson, Greg (1977) *Reference to Kinds in English*, Doctoral dissertation, University of Massachusetts, Amherst.

Chierchia, Gennaro and Sally McConnell-Ginet (1990) *Meaning and Grammar*, MIT Press, Cambridge, MA.

Chomsky, Noam (1972) *Studies on Semantics in Generative Grammar*, Mouton, The Hague.

Chomsky, Noam (1973) "Conditions on Transformations," *A Festschrift for Morris Halle*, ed. by Stephen Anderson and Paul Kiparsky, 232–286, Holt, Rinehart and Winston, New York.

Chomsky, Noam (1977) "On Wh-Movement," *Formal Syntax*, ed. by Peter W. Culicover, Thomas Wasow and Adrian Akmajian, 71–132, Academic Press, New York.

Chomsky, Noam (1981) *Lectures on Government and Binding*, Foris, Dordrecht.

Chomsky, Noam (1986) *Barriers*, MIT Press, Cambridge, MA.

Chomsky, Noam (1995) *The Minimalist Program*, MIT Press, Cambridge, MA.

Cinque, Guglielmo (1993) "A Null Theory of Phrase and Compound Stress," *Linguistic Inquiry* 24, 239–297.

Coopmans, Peter (1989) "Where Stylistic and Syntactic Processes Meet: Locative Inversion in English," *Language* 65, 728–751.

Creider, Chet A. (1979) "On the Explanation of Transformations," *Syntax and Semantics* 12: *Discourse and Syntax*, ed. by Talmy Givón, 3–21, Academic Press, New York.

Culicover, Peter W. (1997) *Principles and Parameters: An Introduction to Syntactic Theory*, Oxford University Press, Oxford.
Culicover, Peter W. (2001) "Concrete Minimalism, Branching Structure, and Linear Order," *Proceedings of Generative Linguistics in Poland* (2), ed. by Piotr Banski and Adam Przepiorkowski, Institute of Computer Science, Polish Academy of Science, Warsaw.
Culicover, Peter W. (2002) "Branching and Structure," *Linguistics and Phonetics 2000*, ed. by Bohumil Palek, Charles University Press, Prague.
Culicover, Peter W. and Kenneth Wexler (1977) "Some Syntactic Implications of a Theory of Language Learnability," *Formal Syntax*, ed. by Peter W. Culicover, Thomas Wasow and Adrian Akmajian, 7–60, Academic Press, New York.
Culicover, Peter W. and Michael Shaun Rochemont (1990) "Extraposition and the Complement Principle," *Linguistic Inquiry* 21, 23–47.
Declerck, Renaat (1988a) *Studies on Copular Sentences, Clefts and Pseudo-Clefts*, Leuven University Press, Belgium.
Declerck, Renaat (1988b) "Restrictive *When*-Clauses," *Linguistics and Philosophy* 11, 131–168.
Declerck, Renaat (1991) *A Comprehensive Descriptive Grammar of English*, Kaitakusha, Tokyo.
Delahunty, Gerald P. (1984) "The Analysis of English Cleft Sentences," *Linguistic Analysis* 13, 63–113.
Dezsö, László (1978) "Towards a Typology of Theme and Rheme: SOV Languages," *Wortstellung und Bedeutung*, ed. by Maria-Elisabeth Conte, Anna Giacalone Ramat and Paolo Ramat, 3–11, Max Niemeyer Verlag, Tübingen.
Diesing, Molly (1992) *Indefinites*, MIT Press, Cambridge, MA.
Dik, Simon C. (1997) *The Theory of Functional Grammar* Part 1: *The Structure of the Clause*, Part 2: *Complex and Derived Constructions* (2nd revised edition), Mouton de Gruyter, Berlin.
Donnellan, Keith (1966) "Reference and Definite Descriptions," *Philosophical Review* 75, 281–304. [Reprinted in *The Philosophy of Language* (3rd edition), ed. by Aloysius P. Martinich, 231–243, Oxford

University Press, Oxford, 1996]

Emonds, Joseph E. (1970) *Root and Structure-Preserving Transformations*, Doctoral dissertation, MIT.

Emonds, Joseph E. (1976) *A Transformational Approach to English Syntax: Root, Structure-Preserving, and Local Transformations*, Academic Press, New York.

Emonds, Joseph E. (1985) *A Unified Theory of Syntactic Categories*, Foris, Dordrecht.

Ernst, Thomas (2002) *The Syntax of Adjuncts*, Cambridge University Press, Cambridge.

Erteschik-Shir, Nomi (1981) "On Extraction from Noun Phrase (Picture Noun Phrases)," *Theory of Markedness in Generative Grammar*, ed. by Adriana Belletti, Luciana Brandi and Luigi Rizzi, 147–169, Scuola Normale Superiore di Pisa, Pisa.

Fiengo, Robert (1977) "On Trace Theory," *Linguistic Inquiry* 8, 35–61.

Fiengo, Robert (1980) *Surface Structure: The Interface of Autonomous Components*, Harvard University Press, Cambridge, MA.

Fodor, Janet Dean (1978) "Parsing Strategies and Constraints on Transformations," *Linguistic Inquiry* 9, 427–473.

Fodor, Janet Dean (1979) "Superstrategy," *Sentence Processing: Psycholinguistic Studies Presented to Merrill Garrett*, ed. by William E. Cooper and Edward C. T. Walker, 249–279, Lawrence Erlbaum Associates, New Jersey.

Fodor, Janet Dean (1984) "Learnability and Parsability: A Reply to Culicover," *Natural Language and Linguistic Theory* 2, 105–150.

Fox, Danny and Jon Nissenbaum (1999) "Extraposition and Scope: A Case for Overt QR," *WCCFL* 18, 132–144.

Frazier, Lyn (1985) "Syntactic Complexity," *Natural Language Parsing*, ed. by David R. Dowty, Lauri Karttunen and Arnold M. Zwicky, 129–189, Cambridge University Press, Cambridge.

Frazier, Lyn and Charles Clifton, Jr. (1996) *Construal*, MIT Press, Cambridge, MA.

Fukuchi, Hajime (1978) "The Applicability of Complement Extraposition and Functional Implications," *Studies in English Linguistics* 6, 32–50.

福地　肇 (1985)『談話の構造』大修館書店，東京．

Gazdar, Gerald (1981) "Unbounded Dependencies and Coordinate Structure," *Linguistic Inquiry* 12, 155–184.

Gazdar, Gerald, Ewan Klein, Geoffrey Pullum and Ivan Sag (1985) *Generalized Phrase Structure Grammar*, Basil Blackwell, Oxford.

Givón, Talmy (1979) *On Understanding Grammar*, Academic Press, Orlando.

Givón, Talmy (1988) "The Pragmatics of Word-Order: Predictability, Importance and Attention," *Studies in Syntactic Typology*, ed. by Michael Hammond, Edith A. Moravcsik and Jessica R. Wirth, 243–284, John Benjamins, Amsterdam.

Givón, Talmy (1990) *Syntax: A Functional-Typological Introduction*, 2 vols., John Benjamins, Amsterdam.

Givón, Talmy (1993) *English Grammar: A Function-Based Introduction*, 2 vols., John Benjamins, Amsterdam.

Green, Georgia M. (1985) "The Description of Inversions in Generalized Phrase Structure Grammar," *BLS* 11, 117–145.

Grice, H. Paul (1975) "Logic and Conversation," *Syntax and Semantics* 3: *Speech Acts*, ed. by Peter Cole and Jerry L. Morgan, 41–58, Academic Press, New York. [Reprinted in *The Philosophy of Language* (3rd edition), ed. by A. P. Martinich, 156–167, Oxford University Press, Oxford, 1996]

Grimshaw, Jane Barbara (1990) *Argument Structure*, MIT Press, Cambridge, MA.

Grosu, Alexander and Sandra A. Thompson (1977) "Constraints on the Distribution of NP Clauses," *Language* 53, 104–151.

Guéron, Jacqueline (1980) "On the Syntax and Semantics of PP Extraposition," *Linguistic Inquiry* 11, 637–678.

Guéron, Jacqueline and Robert May (1984) "Extraposition and Logical Form," *Linguistic Inquiry* 15, 1–31.

Gundel, Jeanette K. (1977) "Where Do Cleft Sentences Come From?" *Language* 53, 543–559.

Gundel, Jeanette K. (1988) "Universals of Topic-Comment Structure," *Studies in Syntactic Typology*, ed. by Michael Hammond, Edith A.

Moravcsik and Jessica R. Wirth, 209–239, John Benjamins, Amsterdam.

Halliday, M. A. K. (1970) "Language Structure and Language Function," *New Horizons in Linguistics*, ed. by John Lyons, 140–165, Penguin Books, London.

Hankamer, Jorge (1973) "Unacceptable Ambiguity," *Linguistic Inquiry* 4, 17–68.

Harries-Delisle, Helga (1978) "Contrastive Emphasis and Cleft Sentences," *Universals of Human Language* Vol. 4: *Syntax*, ed. by Joseph Greenberg, 419–486, Stanford University Press, Stanford.

長谷川欣佑・河西良治・梶田幸栄・長谷川宏・今西典子 (2000)『文 (I)』(現代の英文法　第 4 巻) 研究社, 東京.

Hawkins, John A. (1990) "A Parsing Theory of Word Order Universals," *Linguistic Inquiry* 21, 223–261.

Hawkins, John A. (1993) "Heads, Parsing and Word-Order Universals," *Heads in Grammatical Theory*, ed. by Greville G. Corbett, Norman M. Fraser and Scott McGlashan, 231–265, Cambridge University Press, Cambridge.

Hawkins, John A. (1994) *A Performance Theory of Order and Constituency*, Cambridge University Press, Cambridge.

Hawkins, John A. (1998) "Some Issues in a Performance Theory of Word Order," *Constituent Order in the Languages of Europe*, ed. by Anna Siewierska, 729–782, Mouton de Gruyter, Berlin.

Heim, Irene and Angelika Kratzer (1998) *Semantics in Generative Grammar*, Blackwell, Oxford.

Higgins, F. Roger (1979) *The Pseudo-Cleft Construction in English*, Garland, New York.

平田一郎 (1995)「照合理論と右方移動」高見健一 (編)『日英語の右方移動構文: その構造と機能』, 75–91, ひつじ書房, 東京.

Hooper, Joan B. and Sandra A. Thompson (1973) "On the Applicability of Root Transformations," *Linguistic Inquiry* 4, 465–497.

Horn, Laurence R. (1969) "A Presuppositional Analysis of *only* and *even*," *CLS* 5, 98–107.

Huck, Geoffrey J. and Younghee Na (1990) "Extraposition and Focus," *Language* 66, 51–77.

Huddleston, Rodney (1984) *Introduction to the Grammar of English*, Cambridge University Press, Cambridge.

Huddleston, Rodney (1988) *English Grammar: An Outline*, Cambridge University Press, Cambridge.

Huddleston, Rodney and Geoffrey K. Pullum (2002) *The Cambridge Grammar of the English Language*, Cambridge University Press, Cambridge.

Hulsey, Sarah and Uli Sauerland (2002) "Sorting out Relative Clauses: A Reply to Bhatt", unpublished manuscript 〈http://semanticsarchive.net/Archive/WU10GMwM〉.

Jackendoff, Ray S. (1972) *Semantic Interpretation in Generative Grammar*, MIT Press, Cambridge, MA.

Jackendoff, Ray S. (1977) *X-bar Syntax: A Study of Phrase Structure*, MIT Press, Cambridge, MA.

Jackendoff, Ray S. and Peter Culicover (1971) "A Reconsideration of Dative Movements," *Foundations of Language* 7, 397–412.

Johnson, Kyle (1985) *A Case for Movement*, Doctoral dissertation, MIT.

Kajita, Masaru (1972) "Transformationally Underivable Pseudo-Cleft Sentences," *Linguistic Inquiry* 3, 227–228.

Karttunen, Lauri and Stanley Peters (1979) "Conventional Implicature," *Syntax and Semantics* 11: *Presupposition*, 1–56, Academic Press, New York.

Kayne, Richard (1979) "Rightward NP Movement in French and English," *Linguistic Inquiry* 10, 710–719.

Kayne, Richard (1994) *The Antisymmetry of Syntax*, MIT Press, Cambridge, MA.

Keenan, Edward L. (1975) "Logical Expressive Power and Syntactic Variation in Natural Language," *Formal Semantics of Natural Language*, ed. by Edward L. Keenan, 406–421, Cambridge University Press, Cambridge.

Kim, Alan Hyun-Oak (1988) "Preverbal Focusing and Type XXIII Languages," *Studies in Syntactic Typology*, ed. by Michael Hammond, Edith A. Moravcsik and Jessica R. Wirth, 147–169, John Benjamins, Amsterdam.

Kimball, John (1973) "Seven Principles of Surface Structure Parsing in

Natural Language," *Cognition* 2, 15–47.
Kirkwood, Henry W. (1977) "Discontinuous Noun Phrases in Existential Sentences in English and German," *Journal of Linguistics* 13, 53–66.
Kreidler, Charles W. (1998) *Introducing English Semantics*, Routledge, London.
Kroch, Anthony S. and Aravind Krishna Joshi (1987) "Analyzing Extrapositon in a Tree Adjoining Grammar", *Syntax and Semantics* 20: *Discontinuous Constituency*, ed. by Geoffrey J. Huck and Almerindo E. Ojeda, 107–149, Academic Press, New York.
Kuno, Susumu (1973) "Constraints on Internal Clauses and Sentential Subjects," *Linguistic Inquiry* 4, 363–385.
Kuno, Susumu (1974) "The Position of Relative Clauses and Conjunctions," *Linguistic Inquiry* 5, 117–136.
Kuno, Susumu (1979) "On the Interaction between Syntactic Rules and Discourse Principles," *Explorations in Linguistics: Papers in Honor of Kazuko Inoue*, ed. by George Bedell, Eichi Kobayashi and Masatake Muraki, 279–304, Kenkyusha, Tokyo.
Kuno, Susumu and Ken-ichi Takami (1993) *Grammar and Discourse Principles: Functional Syntax and GB Theory*, Chicago University Press, Chicago.
桑原和生(1995)「文体倒置のシンタクス」高見健一(編)『日英語の右方移動構文: その構造と機能』, 93–118, ひつじ書房, 東京.
Lakoff, George (1972) "Linguistics and Natural Logic," *Semantics of Natural Language*, ed. by Donald Davidson and Gilbert Harman, 545–665, D. Reidel, Dordrecht.
Lakoff, George and Mark Johnson (1980) *Metaphors We Live By*, University of Chicago Press, Chicago.
Lambrecht, Knud (1987) "Sentence Focus, Information Structure, and the Thetic-Categorical Distinction," *BLS* 13, 366–382.
Langacker, Ronald W. (1974) "Movement Rules in Functional Perspective," *Language* 50, 630–664.
Larson, Richard (1988) "On the Double Object Construction," *Linguistic Inquiry* 9, 335–391.
Larson, Richard (1989) "Light Predicate Raising," *Lexicon Project Work-*

ing Papers 27, Center for Cognitive Science, MIT.
Lebeaux, David (1991) "Relative Clauses, Licensing, and the Nature of the Derivation," *Syntax and Semantics* 25: *Perspectives on Phrase Structure: Heads and Licensing*, ed. by Susan Deborah Rothstein, 209–240, Academic Press, New York.
Leech, Geoffrey (1981) *Semantics: The Study of Meaning* (2nd edition), Penguin Books, London.
Levin, Beth and Malka Rappaport Hovav (1995) *Unaccusativity: At the Syntax-Lexical Semantics Interface*, MIT Press, Cambridge, MA.
Levine, Robert D. (1989) "On Focus Inversion: Syntactic Valence and the Role of a SUBCAT List," *Linguistics* 27, 1013–1055.
Lumsden, Michael (1988) *Existential Sentences: Their Structure and Meaning*, Croom Helm, London.
McCawley, James D. (1988) *The Syntactic Phenomena of English* Vol. 2, University of Chicago Press, Chicago.
Milsark, Gary L. (1977) "Toward an Explanation of Certain Peculiarities of the Existential Construction in English," *Linguistic Analysis* 3, 1–29.
Milsark, Gary L. (1979) *Existential Sentences in English*, Garland, New York.
村田勇三郎 (1982)『機能英文法』大修館書店, 東京.
長原幸雄 (1990)『関係節』大修館書店, 東京.
中島平三 (1984)『英語の移動現象研究』研社, 東京.
Nakajima, Heizo (1989) "Bounding of Rightward Movements," *Linguistic Inquiry* 19, 335–391.
Nakajima, Heizo (1990) "Against the Interpretive Nesting Requirement," *Metropolitan Linguistics* 10, 40–54.
中島平三 (1993)「生成理論は原理的説明を可能にする」『言語』第22巻10号, 104–109.
中島平三 (1995)「主語からの外置: 統語論と語用論の棲み分け」高見健一(編)『日英語の右方移動構文: その構造と機能』, 17–35, ひつじ書房, 東京.
中島平三 (1996)「多重主語構文としての場所句倒置」『英語青年』第142巻1号, 18–22.

Nakajima, Heizo (2000) "Verb Second, Locative Inversion, and Topicalization," *Linguistic Analysis* 30, 7–24.

Newmeyer, Frederick J. (1986) *Linguistic Theory in America* (2nd edition), Academic Press, Orlando.

Newmeyer, Frederick J. (1987) "Presentational *There*-Insertion and the Notions 'Root Transformation' and 'Stylistic Rule,'" *CLS* 23, 295–308.

Nishihara, Toshiaki (1997) "In Defense of HNPS as A-bar Movement," *English Linguistics* 14, 251–269.

Nishikawa, Yoshitaka (1990) "Evidence for the Existence of Agrp: English Heavy NP Shift," *English Linguistics* 7, 14–31.

西山佑司 (1983)「文の論理構造」安井稔・中右実・西山佑司・中村捷・山梨正明『意味論』, 128–228, 大修館書店, 東京.

奥野忠徳 (1989)『変形文法における英語の分析』開拓社, 東京.

太田 朗 (1980)『否定の意味』大修館書店, 東京.

Pesetsky, David (1995) *Zero Syntax: Experiencers and Cascades*, MIT Press, Cambridge, MA.

Phillips, Colin (2003) "Linear Order and Constituency," *Linguistic Inquiry* 34, 37–90.

Pinkham, Jessie and Jorge Hankamer (1975) "Deep and Shallow Clefts," *CLS* 11, 429–450.

Pollard, Carl and Ivan A. Sag (1987) *Information-Based Syntax and Semantics, Volume 1: Fundamentals*, CSLI, Stanford.

Postal, Paul Martin (1974) *On Raising*, MIT Press, Cambridge, MA.

Postal, Paul Martin (1993) "Parasitic Gaps and the Across-the-Board Phenomenon," *Linguistic Inquiry* 25, 734–754.

Postal, Paul Martin (2001) "Parasitic Gaps and Pseudoparasitic Gaps," *Parasitic Gaps*, ed. by Peter W. Culicover and Paul Martin Postal, 253–313, MIT Press, Cambridge, MA.

Prince, Ellen F. (1978) "A Comparison of WH-Clefts and It-Clefts in Discourse," *Language* 54, 883–906.

Quirk, Randolph, Sidney Greenbaum, Geoffrey Leech and Jan Svartvik (1985) *A Comprehensive Grammar of the English Language*, Longman, London.

Radford, Andrew (1988) *Transformational Grammar: A First Course*, Cambridge University Press, Cambridge.

Rochemont, Michael Shaun (1978) *A Theory of Stylistic Rules in English*, Doctoral dissertation, University of Massachusetts. [Published by Garland, New York, 1985]

Rochemont, Michael Shaun (1986) *Focus in Generative Grammar*, John Benjamins, Amsterdam.

Rochemont, Michael Shaun (1992) "Bounding Rightward A-bar Dependencies," *Island Constraints: Theory, Acquisition and Processing*, ed. by Helen Goodluck and Michael Shaun Rochemont, 373–395, Kluwer Academic Publishers, Dordrecht.

Rochemont, Michael Shaun and Peter W. Culicover (1990) *English Focus Constructions and the Theory of Grammar*, Cambridge University Press, Cambridge.

Rochemont, Michael Shaun and Peter W. Culicover (1997) "Deriving Dependent Right Adjuncts in English," *Rightward Movement*, ed. by Dorothee Beerman, David LeBlanc and Henk van Riemsdijk, 279–300, John Benjamins, Amsterdam.

Rooth, Mats (1996) "Focus," *The Handbook of Contemporary Semantic Theory*, ed. by Shalom Lappin, 271–297, Blackwell, Oxford.

Ross, John R. (1967) *Constraints on Variables in Syntax*, Doctoral dissertation, MIT. [Published as *Infinite Syntax!*, by Ablex Publishing Co., Norwood, New Jersey, 1986]

Ross, John R. (1974) "There, There, (There, (There, (There, ...)))," *CLS* 10, 569–587.

Sag, Ivan A. and Thomas Wasow (1999) *Syntactic Theory: A Formal Introduction*, CSLI Publications, Stanford, California.

Saito, Mamoru and Naoki Fukui (1998) "Order in Phrase Structure and Movement," *Linguistic Inquiry* 29, 439–474.

Schachter, Paul (1973) "Focus and Relativization," *Language* 49, 19–46.

Smith, Carlota S. (1964) "Determiners and Relative Clauses in a Generative Grammar of English," *Language* 40, 37–52.

Stalnaker, Robert C. (1974) "Pragmatic Presuppositions," *Semantics and Philosophy*, ed. by Milton K. Munitz and Peter K. Unger, 197–214,

New York University Press, New York. [Reprinted in *Pragmatics: A Reader*, ed. by Steven Davis, 471–481, Oxford University Press, Oxford, 1991]

Stucky, Susan U. (1987) "Configurational Variation in English: A Study of Extraposition and Related Matters," *Syntax and Semantics* 20: *Discontinuous Constituency*, ed. by Geoffrey J. Huck and Almerindo E. Ojeda, 377–404, Academic Press, New York.

Swan, Michael (1995) *Practical English Usage* (2nd edition), Oxford University Press, Oxford.

Takami, Ken-ichi (1990) "Remarks on Extraposition from NP," *Linguistic Analysis* 20, 192–219.

高見健一 (1995)『機能的構文論による日英語比較: 受身文, 後置文の分析』くろしお出版, 東京.

Takami, Ken-ichi and Susumu Kuno (1992) "Extraposition from NP and VP-Internal Subjects," *Harvard Working Papers in Linguistics* 1, 155–173.

高見健一・久野暲 (2002)『日英語の自動詞構文』研究社, 東京.

田子内健介(1995)「非対称統語論における『名詞句からの外置』」高見健一(編)『日英語の右方移動構文: その構造と機能』, 37–53, ひつじ書房, 東京.

Taraldsen, Knut Tarald (1981) "The Theoretical Interpretation of a Class of Marked Extractions," *Theory of Markedness in Generative Grammar*, ed. by Adriana Belletti, Luciana Brandi and Luigi Rizzi, 475–516, Scuola Normale Superiore di Pisa, Pisa.

Terazu, Noriko (1979) "A Note on the Derived Structure of Extraposition Rules," *Studies in English Linguistics* 7, 86–99.

Williams, Edwin (1990) "The ATB Theory of Parasitic Gaps," *The Linguistic Review* 6, 265–279.

Williams, Edwin (1994) *Thematic Structure in Syntax*, MIT Press, Cambridge, MA.

Wittenburg, Kent (1987) "Extraposition from NP as Anaphora," *Syntax and Semantics* 20: *Discontinuous Constituency*, ed. by Geoffrey J. Huck and Almerindo E. Ojeda, 427–445, Academic Press, New York.

Ziv, Yael (1975) "On the Relevance of Content to the Form-Function Correlation (An Examination of Extraposed Relative Clauses)," *Papers from the Parasession on Functionalism*, ed. by Robin E. Grossman, L. James San and Timothy J. Vance, 568–579, Chicago Linguistic Society, Chicago.

Ziv, Yael and Peter Cole (1974) "Relative Extraposition and the Scope of Definite Descriptions in Hebrew and English," *CLS* 10, 772–786.

Zubizarreta, Maria L. (1998) *Prosody, Focus, and Word Order*, MIT Press, Cambridge, MA.

【引用例文出典】

Baker, Mark C. (2001) *The Atoms of Language*, Basic Books, New York.

Chafe, Wallace L. (1974) "Language and Consciousness," *Language* 50, 111–133.

Dawkins, Richard (1986) *The Blind Watchmaker*, W. W. Norton, New York.

Gaarder, Jostein (1996) *Sophie's World*, trans. by Paulette Møller, Berkley Books, New York.

Hurford, James R. and Brendan Heasley (1983) *Semantics: A Coursebook*, Cambridge University Press, Cambridge.

Huxley, Aldous (1925 [1994]) *Along the Road*, Flamingo, London.

Jackendoff, Ray (1994) *Patterns in the Mind*, Basic Books, New York.

Maugham, Summerset (1963) "Appearance and Reality," in *Collected Short Stories* Volume 1, Penguin Books, London.

Nagel, Ernest (1979) *The Structure of Science*, Hackett, Indianapolis.

Russell, Bertrand (1930) *The Conquest of Happiness*, Routledge, London.

Thomas, Jenny (1995) *Meaning in Interaction*, Longman, Harlow.

Thompson, Mel (1999) *Eastern Philosophy*, Teach Yourself Books, London.

Whorf, Benjamin Lee (1956) *Language, Thought, and Reality*, MIT Press, Cambridge, MA.

索　引

あ　行

曖昧性　96, 97
アイルランド英語　125
値　90, 110, 121, 129, 142, 143, 145
「新しい」情報　69
(非有界)依存関係　120, 123
1項他動詞　46
一致　60, 111–14
一般化下接条件　23, 50
右節点繰り上げ　25, 40
右方移動構文　65, 71, 78, 82, 83, 98
右方転移　114, 115
重さ　52, 88, 91, 94–96

か　行

蓋然性 (probability) の前提　171, 172
会話の含意　141, 144
かき混ぜ規則　49
格上げ　116
格形態　60, 113, 114
格素性の照合　32
下接の条件　21
含意　168
関係節　102
擬似分裂文　100, 105–11, 127, 133–36, 139, 141, 142, 145–47, 150, 152, 153, 158
寄生空所　39
基底生成分析　20, 28, 43
旧情報　69, 147, 152
境界節点　21
協調の原則　144
共範疇的　4
局面レベルの述語　18

さ　行

際立ち　1
系列的 (paradigmatic) 関係　5, 67, 134
系列的焦点　68, 134
限定的　161
構成素否定　90, 136
後方照応的　85
個体レベルの述語　18
諺的分裂文　104
語用論的な前提　147
痕跡　37

さ　行

再提示的焦点　85
作用域　19
残留分析　30
指示的　84, 150
指定的　105, 107
指定文　142–45
指標的表現　70
島　38, 44, 49
自由関係節　105, 106, 129, 150
修飾関係　19, 23
自由生成　33
充填子・空所依存関係　98
重名詞句転移　34, 93, 97
熟語表現　27
縮約関係節　9
主語繰り上げ　32
主語条件　22
主題　28, 30
主題的意味　66, 67, 133
主題的変異形　67
受動化　37
主要部　31

[189]

主要部末端言語　51
循環適用　22
照応形　21, 24
焦点　1, 19
焦点化　3, 67, 133
焦点化副詞　161, 162
焦点構成素　100, 116, 123, 124, 130, 149
焦点との連合　163
上方制限　13, 22, 23, 26, 32, 36, 44, 46
情報の順序　153, 158
情報豊かな前提部　156
叙述　78
叙述的　105
叙述文　142
新情報　5, 71, 73, 153
真理条件　59, 66, 133
推論　173
制約　98
線状一致の公理　30, 49
選択的対比　134, 135, 139
前置詞句の外置　8
前提　72, 78, 79
前提性　87
前方照応的　71, 84
総記性　139, 140, 142, 144, 167
早期直接構成素の原則　92, 93
相互 m 統御　43
創造動詞　16
挿入句　103, 121
属性的　84, 150
束縛原理（A）　23, 45
束縛原理（C）　32
束縛理論　51
存在の前提　145, 171, 172
存在文　51

た　行
対比的焦点　5, 69, 86, 89, 134, 162
断定　72, 146

談話の整合性　67, 74, 82
談話表示理論　89
直示的　60, 71
直接構成素・単語比　92–94
追加的　161
追加表現　20
定　83
提示的 there 構文　37, 53
提示的焦点　5, 69, 71, 73, 84, 89, 134
提示文　78–83
定制限　83, 89
定的　71
程度・段階の前提　169
定名詞句からの外置　83
摘出領域条件　29
等位構造　26
等位接続　25
同格関係節　88, 113
動機　98
凍結　57, 119, 120
統語解析　91, 92
動作主　28
動詞句削除　9, 11, 12, 32, 35, 36
動詞句前置　9–11, 35, 36
統率関係　26
特定化詞　141, 161
特定的　86, 88

な・は　行
二重目的語構文　37, 45
排他的　161
場所句倒置構文　57
発話の適切性　147
場面設定　70, 76
パラメータ　51
非顕在的数量詞繰り上げ　33
非対格性仮説　28
非対格（unaccusative）動詞　28, 41
非対称的（asymmetric）c 統御関係　30

否定　136, 151, 157, 168
否定極性項目　19
非能格（unergative）動詞　28
非有界依存関係 → 依存関係
評言　114
付加疑問　73
付加疑問文　72
付加部　9, 17, 26, 31, 33
不完全な構成素　117
複合名詞句　34
不定　72, 83
不連続分裂文　160
不連続要素　24
文処理　88, 91, 95
文体規則　19
文体的　57, 58, 91, 122
文末焦点（end-focus）の原則　64
文脈から解釈可能　69, 76, 77, 148
分離先行詞　21, 24, 25
分裂節　100, 111–13, 120–23
分裂文　99–102, 104, 108, 109, 111, 112, 114–18, 120, 123, 133, 134–39, 141–43, 145, 146, 148, 151–54, 156–59
分裂文外置規則　112
変項　90, 110, 121, 129, 130, 142, 143, 145
母節点構築範疇　92
補部　9, 17, 26, 31, 33
補部原理　26

ま　行

右屋根の制約　23, 50, 98
見出し（表題）的　150
名詞句からの外置　8, 72
名詞らしさ　126
命題的意味　66, 133

や　行

宿主　26

有標　53, 78, 109

ら・わ　行

ラムダ変換　120
量の格率　144, 145, 168
例外的格付与構文　41
連関性（connectedness）　107, 117
連結詞　100, 107, 111, 142
連辞的（syntagmatic）な関係　5, 67
連辞的焦点　68, 69
話題　114, 157
話題に上っている　69, 76

A～Z

A 位置　44
A 移動　32
Ā 位置　38, 39
Ā 移動　37–39, 43, 51
also　142
CED 効果　39, 40
ECM 節　43
ECM 補文　42
even　141, 162, 171–74
+F(ocus)　2
it 外置　9
it 外置文　101
only　140, 161, 162, 167–70, 174
PRO　42
SOV 言語　68, 109
VP シェル　27
VP シェル分析　45
V' 再分析　46, 47, 49
wanna 縮約　38
wh 痕跡　38
XP [+F]　4, 100, 111, 123, 130
θ 基準　26
θ 役割付与　43

〈著者紹介〉

原口庄輔(はらぐち　しょうすけ)　1943年生まれ．明海大学外国語学部教授．

中島平三(なかじま　へいぞう)　1946年生まれ．学習院大学文学部教授．

中村　捷(なかむら　まさる)　1945年生まれ．東北大学大学院文学研究科教授．

河上誓作(かわかみ　せいさく)　1940年生まれ．神戸女子大学教授．

田子内健介(たこない　けんすけ)　1969年埼玉県生まれ．東京都立大学大学院人文科学研究科修士課程修了．現在，埼玉大学教育学部助教授．論文: "On Some General Characteristics of Prenominal Relative Clauses" (『英文学研究』第74巻2号，1998年)，"Generality and Uniformity in a Rule-based Parser" (*English Linguistics*, Vol. 15, 1998) など．

足立公也(あだち　きみや)　1959年兵庫県姫路市生まれ．東京都立大学大学院博士課程中退．東京都立大学助手を経て，現在，中京大学国際英語学部助教授．著書: 『一歩進んだ英文法』(共著，大修館書店，1989)，『言語学への招待』(共著，大修館書店，1994) など．

英語学モノグラフシリーズ 11
右方移動と焦点化

2005年3月30日　初版発行

編　者　原口庄輔・中島平三
　　　　中村　捷・河上誓作
著　者　田子内健介・足立公也
発行者　荒　木　邦　起
印刷所　研究社印刷株式会社

KENKYUSHA
〈検印省略〉

発行所　株式会社　研究社
http://www.kenkyusha.co.jp

〒102-8152
東京都千代田区富士見2-11-3
電話　(編集) 03(3288)7711(代)
　　　(営業) 03(3288)7777(代)
振替　00150-9-26710

ISBN4-327-25711-7　C3380　　　Printed in Japan